W0281431

Roland Stadler

Pilgerwege in Österrei

Mit großer Übersichtskarte zu Österreichs Pilgerwegen
als Beilage im Umschlag

Bildnachweis:
Achorner Stefan 80–81; ARGE Pilgern in Kärnten/Gschwandner Monika 18–19, 70, 124, 129, 139 (u.), 144; ARGE Pilgern in Kärnten/Jagoutz Günter 71, 132–133, 139 (o.); BB Pillersee 116; Bildungshaus Osttirol/Schönegger Martin 225, 227; Bittermann Wolfgang/shutterstock.com 86; Dittlbacher Christine 104, 107, 160; Donau Niederösterreich 94–96; Dworschak Martin/shutterstock.com 238–239; Elpiase/shutterstock.com 220–221; Europäischer Pilgerweg VIA NOVA 206; Ferienregion Traunsee 174–175; Ferienregion Traunsee 202; Geistliches Zentrum Embach/Lebesmühlbacher 20–21; Geistliches Zentrum Embach/Scherer 76, 77; Gert Kienast 36; Jakobsweg Wien/Celewicz Radoslaw 90; Jerusalemway 192; JohannesS/shutterstock.com 232; Kaspar 158; Kment Milan/shutterstock.com 100; Lugmayer Karl Allen/shutterstock.com 65; Moser Gerhard 210, 212; Mostviertel Tourismus/www.weinfranz.at 61; Mühlviertler Alm/Hawlan Dieter 196, 197, 199; Petrova Anastasia/shutterstock.com 170–171; SalzburgerLand 113 (o.); SalzburgerLand/Schrofner Georg 113 (u.); Sedmakova Renata/shutterstock.com 66; Staud Hans 214–215, 236; Steiermark Tourismus/Gery Wolf 27; Steiermark Tourismus/Hans Wiesenhofer 50; Steiermark Tourismus/Kalb 42–43; Steiermark Tourismus/Leo Himsl 14, 56; Stift St. Lambrecht/Gery Wolf 25; Stift Vorau 49; Thell Erich 152, 154; TV Mariazeller Land 32; TVB Böhmerwald/Weissenbrunner 180–181, 183; Verein St. Rupert Pilgerweg 164; WGD Donau OÖ Tourismus GmbH/Erber 188; WGD Donau OÖ Tourismus GmbH/Steininger 186–187

Impressum

Bibliografische Information der Deutschen Nationalbibliothek
Die Deutsche Nationalbibliothek verzeichnet diese Publikation in der Deutschen Nationalbibliografie; detaillierte bibliografische Daten sind im Internet über http://dnb.d-nb.de abrufbar.

© 2019 Verlag Anton Pustet
5020 Salzburg, Bergstraße 12
Sämtliche Rechte vorbehalten.

Lektorat: Beatrix Binder
Grafik und Produktion: Nadine Kaschnig-Löbel
Coverfoto: ARGE Pilgern in Kärnten/Jagoutz Günter
Karte: Arge-Kartographie
gedruckt in der EU

ISBN 978-3-7025-0924-8

www.pustet.at

Alle Routenbeschreibungen sowie die Pilgerwegekarte wurden von Autor und Verlag nach gründlicher Recherche und aktuellem Wissensstand (Stichtag: 1. Februar 2019) erstellt. Eine Haftung für die Richtigkeit der Angaben kann trotzdem nicht übernommen werden, da sich die Routen aus verschiedenen Gründen auch wieder ändern können. Die Verwendung dieses Pilgerwegeführers erfolgt deshalb ausschließlich auf eigene Gefahr.

Roland Stadler

Pilgerwege
in Österreich

VERLAG ANTON PUSTET

Inhalt

JAKOBSWEGE

AUF DEN SPUREN GROSSER HEILIGER

SPIRITUELLE WANDERWEGE

Abenteuer Pilgern

Gibt es heute noch Abenteuer? Als solches wird nach allgemeiner Definition eine „risikoreiche Unternehmung“ oder auch ein „Erlebnis“ bezeichnet, „das sich stark vom Alltag unterscheidet“. Es geht um das Verlassen des gewohnten Umfelds und des sozialen Netzwerkes, um etwas Wagnishaltiges zu unternehmen, das interessant, faszinierend, aber auch gefährlich sein kann, und bei dem der Ausgang ungewiss ist. In diesem Sinne gelten und galten Expeditionen ins Unbekannte zu allen Zeiten als Abenteuer.

Ja, Pilgern ist eine Expedition – ins Unbekannte der eigenen Seele, ein Abenteuer, bei dem jeder sich selbst und gleichzeitig auch die Welt entdecken kann. Innen- und Außenwelt bilden die Route. Ungewiss ist wohl der Ausgang einer solchen Pilgerreise: Der oder die Ankommende wird ein Anderer, eine Andere sein als beim Aufbruch. Das Unterfangen wird so zu einer spannenden Expedition, zu einer Forschungsreise ins Unbekannte unserer Herzmitte.

Derzeit gibt es in Österreich etwa 35 bis 40 ausgebaute und betreute Pilgerwege, die rund 20 000 Kilometer umfassen. Die in diesem Buch vorgestellte Auswahl bietet unterschiedliche Zugänge zu den Pilgerwegen an: Will ich auf den Spuren bekannter Heiliger oder entlang von Marienwegen wandern, der Faszination des Jakobsweges vor der Haustür nachspüren? Will ich auf alpinen Wegen in die meditative Stille der Bergwelt eintauchen oder mit dem Rad flexibel, schnell und doch mit einem spirituellen Anliegen unterwegs sein?

Wo genau historische Pilgerrouten verlaufen sind, ist meist nur schwer zu rekonstruieren, zumal sich die Wege im Laufe der

Jahrhunderte immer wieder verändert haben. So werden vielfach heute wie damals gangbare Wege gewählt, die mehr oder weniger annähernd an historische Routen herankommen. Auf diese Weise werden asphaltierte Straßen und Wald- oder Feldwege zu Pilgerwegen der Gegenwart. Wesentlich ist die innere Haltung, mit der dieser Weg dann beschritten wird. Das Suchen und Fragen des Pilgers oder der Pilgerin, die Offenheit für die Botschaften des Lebens auf diesem und durch diesen Weg, seine Begegnungen und Erfahrungen. Im räumlichen Fortschreiten wandelt sich der Mensch auch im Inneren. Pilgern lehrt leben. Der Pilgerweg ist ein Vehikel, ein Werkzeug, um seinen Lebensweg zu gehen und, mehr noch, ihn zu verstehen – bei Nacht und Tag, bei Chaos und Klarheit, in Monotonie und überschäumender Vielfalt, in Zweifel und Gewissheit.

Der Pilgerweg wird auf diese Weise zum Gleichnis des eigenen Lebensweges, und der eigene Lebensweg zum Gleichnis eines Pilgerweges. So hat dieser Weg dann auch unterschiedliche Abschnitte und Phasen. Wesentliche Etappen spirituellen Unterwegsseins sind dabei: Vorbereitung – Aufbruch – Unterwegssein – Ankommen – Verweilen – Rückkehr.

Die Vorbereitung

Pilgern ist geprägt von Individualität. Keiner geht den Weg so wie ich, und ich kann ihn nicht so gehen wie andere. Und doch ist Pilgern auf Gemeinschaft hin ausgerichtet, auf eine ganz besondere Weggemeinschaft. Ein Mitgehen entsteht, wenn ich auch auf andere zugehen kann. Mein Leben finde ich im Echo der Begegnungen. Es gilt, meine Bedürfnisse mit der Situation des Weges und dessen Bedingungen und Begegnungen abzustimmen und in Balance zu halten.

Was sind nun aber wahrhaft meine Bedürfnisse? Schon diese Frage wird für manche zu einem Abenteuer. Ist es besser, alleine aufzubrechen und unterwegs zu sein oder doch lieber zu zweit, zu dritt, in einer Gruppe? Mit oder ohne einen gewissen Komfort? Suche ich Stille und Ruhe, oder benötige ich viele Gespräche unterwegs? Gehe ich einfach in den Tag hinein oder plane ich sorgfältig mein Pensum? Bin ich ein Gelegenheitsmensch, der spontan entscheidet, oder der Planungstyp, der alles schon genau im Vorhinein wissen muss – inklusive eingespeicherter GPS-Daten, Reserveakkus im Rucksack, vorreservierter Quartiere?
Wie viel brauche ich für diesen Weg an Proviant? – In dem Wort steckt *pro via* drin, die Wegzehrung. Was nehme ich im Rucksack mit an Gepäck – konkret auf dem Rücken und im Rucksack des Herzens? Was ist notwendig für meine Unternehmung, jetzt und im Alltag? Kann ich auch etwas zurücklassen? Muss ich vielleicht noch etwas abschließen, mich von etwas oder jemandem verabschieden, bevor ich mich auf den Weg mache?

Eine Faustregel lautet, dass man maximal zehn Prozent des Körpergewichts mitnehmen sollte. Aber wie viele Lebensjahre nehmen wir in dem gegenwärtigen Moment mit auf die Reise? – Manchmal heißt es dann in dieser Phase, auch wieder auszupacken, zu reduzieren, neu zu beginnen mit dem Spüren und Fühlen, wer ich bin, was ich benötige …
Die Zeit der Vorbereitung ist voll mit interessanten Fragen.

Aufbruch

Im Aufbruch werden nun all diese Vorbereitungen konkret. Es gilt, den alles entscheidenden Schritt zu setzen: aufzustehen, loszulassen und zu gehen, die Augen nach vorne zu richten und nicht mehr allzu oft zurückzublicken.

Bei aller Freude, die auch mitschwingt, wenn Neues beginnt: Aufbrüche können mühsam sein, ja mitunter auch schmerzlich. Da wird etwas „auf-gebrochen". Da ist ein Riss zwischen dem Vorher und dem Jetzt. Aber im Jetzt und Hier entscheidet sich mein Leben – und nicht gestern oder morgen. Auch wenn ich mir den Aufbruch anders vorgestellt habe, mit Sonne und frischer Morgenluft, und nicht mit Regen und Kälte – es gilt, in jedem Fall zu gehen.

Wer losgeht, muss Eigenverantwortung übernehmen: Ich setze den nächsten Schritt und ich bestimme die Richtung. Das ist nicht immer einfach. Aus einer Vielzahl von Möglichkeiten muss ich konkret die eine wählen, die zu mir gehört. Das ist nicht einfach in einer Zeit, in der mir vieles vorgegeben ist und ich beengt bin durch sogenannte Sachzwänge, Termine und vieles mehr.

Die kleinen und großen Aufbrüche des Lebens einzuüben ist Teil des Abenteuers.

Unterwegssein

Im Unterwegssein begegnen mir dann Himmel und Erde: Es warten Begegnungen mit Menschen, mit mir selbst, mit Höherem, ja vielleicht mit Gott. Im Unterwegssein wird die Vielfalt des Lebens konkret verdichtet: Wunderbare Erfahrungen und mühsame Momente wechseln einander mitunter im Stundentakt ab.

Manches Mal muss man Irr- und Umwege gehen. Zu wenig Achtsamkeit hat einen vom Weg abkommen lassen. Oder einfach ein fehlendes Schild, eine verparkte Abzweigung, ein Gespräch … Aber: Jeder Umweg ist bedeutsam für den eigentlichen Weg. Er gehört dazu, kann mir zeigen, was ich ohne ihn nicht gesehen hätte, gibt mir Chancen zum Wachsen und Reifen, zum Entdecken neuer Perspektiven.

Entdecken darf ich unterwegs Gastfreundschaft und Hilfsbereitschaft, freundliche Menschen, die mich aufmuntern und mir Tipps und Hinweise für die nächsten Kilometer geben, oder mir ganz einfach ein Glas Wasser, einen Apfel, ein aufmunterndes Wort über den Gartenzaun reichen. Entdecken darf ich unterwegs Natur und Kultur: sanft plätschernde Bäche und stimmungsvolle Sonnenuntergänge, Vogelgezwitscher und blühende Blumen, stille Waldlichtungen und reife Getreidefelder, aber auch großartige Bauwerke, schmucke Dorfstraßen, Kirchen und Kapellen als Orte der Kraft.

Achtsames, aufmerksames Gehen öffnet mir über Augen und Ohren das Herz und schenkt Vertrauen in eine gute Ankunft. Ich darf getragen sein von Mensch und Gott. Trotzdem hat Pilgern nichts mit einer All-inclusive-Wohlfühl-Mentalität zu tun und sollte nicht romantisiert werden. Unterwegssein bedeutet auch Schmerzen, Irrwege, Müdigkeit, Ärger, Zweifel, Angst und Sorge. Himmel und Erde liegen oft ganz nah beisammen.

Ankommen

Irgendwann ist dann der Zeitpunkt da, an dem ich ankommen darf. Vielleicht ist das Ziel schon von weitem zu sehen und leuchtet mir auf den letzten Kilometern entgegen. Bisweilen kann ich mein Ziel aber bis zum Schluss nicht sehen und plötzlich taucht es auf, steht es vor mir.

Ankommen ist die große Sehnsucht des Menschen. Einen Ort zu haben, an dem ich nach langem Weg ausrasten darf, mich fallen lassen darf und mir gesagt wird: Du bist willkommen, es ist gut, dass du da bist. Dieses Ankommen findet aber nicht nur am Ende des großen Gesamtweges statt, sondern jeden Abend, wenn ich Platz in einer Herberge finde. Auch diese Momente gilt es, bewusst zu erleben und zu feiern. Die kleinen Tagesankünfte in Dankbarkeit zu sehen, bereitet uns vor auf die große Ankunft am Ende des Weges.

Verweilen

Eine kleine, aber wichtige Phase nach allem Unterwegssein und dem Ankommen ist das Verweilen: Auszurasten am Ziel, die Seele nachkommen zu lassen, falls man doch mit den Füßen zu schnell war, einfach da zu sein im Angesicht des Zieles, auszuruhen in der Mystik eines Kirchenraumes mit seinen Farben und Gerüchen oder im Park davor neben einem Brunnen, im kühlenden Schatten eines Baumes.
Es tut dann gut, nochmals auf den Weg zurückzublicken, in den Notizen zu blättern, welche ich mir unterwegs gemacht habe, Eindrücke wieder-zu-holen, mir Fotos anzusehen und dankbar das Leben zu feiern mit all dem, was mir unterwegs begegnet ist. Nach vielen Schritten ist Sammlung und Verweilen wichtig. Sammlung, die hilft, nun den letzten Schritt zu setzen: die Rückkehr in den Alltag.

Rückkehr

Nach intensiven Tagen des Unterwegsseins, nach Tagen, die sich deutlich vom Alltäglichen unterschieden haben, bedarf es des behutsamen Zurückkehrens in die ursprünglichen Lebenswelten. Das braucht seine Zeit.
Früher mussten die Pilger wieder den Weg zurück in vollem Umfang antreten, zeitlich wie kräftemäßig. Das Pilgerziel war erst die erste Hälfte des Weges. Das unterwegs reich gewordene Herz konnte auf der Heimreise nun langsam all die Erfahrungen und Einsichten verarbeiten. Wie unverständlich ist es da, wenn heute so mancher sich gleich unmittelbar nach der Ankunft am

Pilgerziel ins Flugzeug oder in den Bus setzt und vielleicht am nächsten Tag schon wieder am Arbeitsplatz ist. Schon droht die Erfahrung des Weges in Arbeit und Terminen unterzugehen. Es bedarf der nötigen Zeit für die Rückkehr, für das Ankommen in der gewöhnlichen Lebenswelt, vielleicht auch, um so manche Dinge neu zu ordnen und an den richtigen Platz zu stellen.

Abenteuer Pilgern

Die Zeit einer Pilgerreise, einer Pilgerwanderung liegt jenseits des alltäglichen Lebens. Und doch: Sie kommt aus diesem heraus und führt wieder in dieses zurück – neu und anders. Wenn ich pilgere und das keine Konsequenzen für mein weiteres Leben hat, dann war es wohl eine lebensfremde Übung. Pilgern ist ein ganzheitliches Wahrnehmen des Lebens mit Körper, Geist und Seele und bedeutet körperliche Strapazen, geistige Erkenntnisse und Berührungen der Seele, stiftet Sinn und schenkt Orientierung, lässt mich über Irdisches hinauswachsen. Jede Entscheidung und jeder Schritt am Pilgerweg können mich lehren, bewusster zu leben, bewusster den Umgang mit mir selbst und meinen Mitmenschen, mit der Schöpfung, mit dem Göttlichen zu gestalten.
So ist Pilgern die große Schule des Lebens. Das vorliegende Buch soll eine Einladung sein, sich mit dieser Schule des Lebens vertraut zu machen.

Steirischer Mariazellerweg – Angelusstiege zur Basilika Mariatrost in Graz.

INRI

Eine kurze Geschichte des Pilger- und Wallfahrtswesens

Pilgern – Wallfahren – spirituelles Wandern: drei Begriffe, die spirituelles Unterwegssein beschreiben. Miteinander verwandt, besitzen sie ihre je eigene Ausprägung und individuelle Note. Die sprachliche Unterscheidung zwischen Pilgern und Wallfahren gibt es nur in der deutschen Sprache und so werden diese beiden Begriffe in der Literatur immer wieder synonym verwendet. In den letzten Jahren kam zu diesen beiden Bezeichnungen noch jene des spirituellen Wanderns hinzu.

Eine Annäherung an die unterschiedliche Begrifflichkeit mag eine kurze Charakteristik bieten:
So sind Wallfahrten eher gemeinschaftliche Unternehmungen, welche mit festen Riten und oft auch Bräuchen verbunden sind. Sie sind eng an den Zielort gebundene, regelmäßig wiederkehrende Reisen.
Pilgern beschreibt hingegen das individuelle Unterwegssein, meist ohne feste Riten, verbunden mit einem hohen Maß an eigenverantwortlicher Gestaltung. Die religiöse Bedeutung liegt stärker im spirituellen Erleben des Weges, der meist eine längere Strecke umfasst und nur einmalig zurückgelegt wird.
Beim spirituellen Wandern steht das Unterwegssein in der Natur, verbunden mit spirituellen, sinnstiftenden Impulsen und Gedanken im Mittelpunkt. Solche Wege sind oftmals überkonfessionell gestaltet und nicht unmittelbar an einer bestimmten Religion oder Glaubensrichtung ausgerichtet.

Die Wallfahrt nahm ihren Ausgang in der Antike mit der Errichtung des Tempels in Jerusalem etwa 960 vor Christus. Es war fester Brauch im jüdischen Volk, mehrmals im Leben gemeinsam nach Jerusalem zu pilgern, wofür es besondere Vorschriften und Regeln gab. Wallfahrten gab es auch in der Antike bei Griechen und Römern, die aus religiösen Gründen ferne Tempel bereisten.

Im frühen Christentum des 4. Jahrhunderts ging es darum, Orte aufzusuchen, an denen Jesus zu Lebzeiten gewirkt hatte. Später spielte der Märtyrerkult eine besondere Rolle. Im 4. Jahrhundert wurden vor allem die Apostel Petrus und Paulus in den römischen Basiliken verehrt, wo ihre sterblichen Überreste ruhten. Ebenso waren die Gräber der ersten Märtyrer der jungen Kirche Ziel einer Pilgerreise. Die Pilger kamen, um die berühmten Reliquien zu verehren. Aus diesem Grund trat die Reliquienverehrung immer stärker in den Vordergrund – man erhoffte sich einen besonderen Segen durch die Berührung von heiligen Gegenständen.

So waren Jerusalem und Rom die großen Pilgerziele. Angesichts der damaligen Bedingungen ist es verständlich, dass eine solche Reise meist nur einmal im Leben gemacht wurde. Eine glückliche Rückkehr war damals mehr als ungewiss.

Im 9. Jahrhundert wurde in Spanien das Grab eines Heiligen entdeckt, den man mit dem Apostel Jakobus identifizierte. Seine Verehrung gewann im 11. Jahrhundert zunehmend an Bedeutung, sodass Pilgern in der damaligen Zeit zu einem Massenphänomen wurde und sich, nicht nur wie früher Bischöfe und Mönche, sondern nun auch das einfache Volk auf den Weg machte.

Als kürzere Ausprägung einer Pilgerreise entstand zwischen dem 14. und 15. Jahrhundert der Besuch der Wirkungs- oder Grabesstätte eines besonders verehrungswürdigen Menschen, wie in Österreich der Weg nach Gurk zur hl. Hemma oder an den Abersee zur Einsiedelei des hl. Wolfgang. Solche Unternehmungen wurden dann bereits in größeren Gruppen durchgeführt und so kam es im 17. und 18. Jahrhundert zu einer Blütezeit des Wallfahrtswesens. Neue Wallfahrten entstanden, und viele

Kirchen wurden zu regen Zentren der Heiligenverehrung ausgebaut. In nachbarocker Zeit gab es zwar weiterhin Wallfahrten, doch das Interesse daran ließ spürbar nach. Das 20. Jahrhundert mit seinen beiden verheerenden Kriegen war ebenso nicht die beste Zeit für große Wallfahrten oder Pilgerreisen.
Schließlich setzte zu Beginn der 1980er-Jahre erneut eine starke Pilgerbewegung ein. Der Jakobsweg wurde neu entdeckt und damit ein richtiggehender Boom ausgelöst. Es ging nun vorrangig um Grundhaltungen, die in allen Religionen und für das Menschsein insgesamt bedeutsam sind: um das Bewusstsein, als Mensch immer unterwegs zu sein, um Konzentration auf das Wesentliche, um Sinnfindung und Orientierung im persönlichen Leben. Daneben ging es auch darum, Kraft und Erholung zu schöpfen aus Naturerlebnissen – soweit einige der Motive,

die für die aktuelle Situation des Pilgertourismus ausschlaggebend sind.
Die äußeren Formen sind unterschiedlich: So machen sich viele Pilger als Einzelpersonen auf den Weg, es gibt aber auch geführte Pilgerwanderungen in Gruppen. Neben sehr individuellen und kreativen Formen des spirituellen Wanderns gibt es nach wie vor die traditionellen Wallfahrten der Pfarrgemeinden. Gepilgert wird zu Fuß und mit dem Rad, ebenso findet sich das Pilgern mit Lamas oder Fastenpilgern auf der breiten Angebotsliste diverser Veranstalter.

Pilgern und Wallfahren hatte zu allen Zeiten eine entsprechend unterschiedliche Akzentsetzung – und diese Geschichte wird wohl weiterhin fortgeschrieben ...

Am Benediktweg im Lavanttal – Kapelle am Vorderwölch mit Blick auf Wolfsberg.

MARIENPILGERWEGE

Unterwegs zur Gottesmutter Maria

Pilgerwege nach Mariazell und regionale Marienpilgerwege in Österreich

Wallfahren und Pilgern in Österreich sind untrennbar mit dem Namen Mariazell verbunden. Seit Jahrhunderten machen sich Menschen zur Gottesmutter nach Mariazell auf, um vor ihrem Gnadenbild Schutz und Hilfe zu erbitten. So sind erste Wallfahrten bereits aus dem 14. Jahrhundert überliefert.

Sternförmig führen die Wege aus allen Teilen Europas nach Mariazell, das abseits der großen Ballungszentren liegt. Das bedeutendste Marienheiligtum Österreichs ist zugleich auch ein wichtiges Ziel für Pilger aus den Ländern der ehemaligen Habsburgermonarchie. Im Zuge der Gegenreformation und der nachfolgenden Zeit wurde Mariazell von den Mitglieder des Kaiserhauses und dem Hochadel stark gefördert, sodass Mitte des 18. Jahrhunderts jährlich bis zu 380 000 Pilger die *Magna Mater Austriae* besuchten.

Einer der bekanntesten und ältesten Wege ist die Via Sacra, die von Wien nach Mariazell führt. Ein jüngerer Weg ist hingegen der Mariazeller Gründerweg, der seit 2006 den möglichen Spuren des Mönches Magnus nach Mariazell folgt.

Den zahlreichen Wallfahrtsrouten aus den unterschiedlichen Bundesländern versucht das Netz der „Mariazellerwege des Österreichischen Alpenvereins" gerecht zu werden. In diesem werden sieben Landeshauptstädte mit Mariazell und untereinander verbunden.

Mit den ungarischen und slowenischen Mariazellerwegen wurde ebenfalls in den letzten Jahren versucht, die traditionsreichen Wallfahrtswege aus diesen Regionen zu revitalisieren.

Über Mariazell hinaus besitzt Österreich eine große Zahl an Marienwallfahrtsorten und Marienheiligtümern. Einige davon auf regionaler Ebene zu verbinden ist das Anliegen des Kärntner Marienpilgerweges und des Pinzgauer Marienweges im Land Salzburg.

Mariazeller Gründerweg

STEIERMARK

Am Mariazeller Gründerweg von St. Lambrecht nach Mariazell

Zu Mariazell gibt es einige Gründungslegenden. Eine davon erzählt, dass Otker, der Abt des Stiftes St. Lambrecht, seinen Mitbruder Magnus im Jahr 1157 mit einer Marienstatue in die Region um Mariazell aussandte, um dort seelsorgerisch tätig zu werden. Auf dem Weg, in der Gegend des heutigen Mariazell, versperrte ein großer Stein den Weg. Als Magnus die Marienstatue darauf abstellte, spaltete sich der Fels und gab den Weg frei. Daraufhin errichtete er an dieser Stelle eine hölzerne Kapelle für die Statue mit einer *Cella*, einer Zelle für die Gottesmutter. So wurde der Grundstein für den Namen des Ortes gelegt.

Seit 2006 verbindet nun der nach dieser Begebenheit benannte Mariazeller Gründerweg das Benediktinerstift St. Lambrecht im steirischen Naturpark Zirbitzkogel-Grebenzen mit der Basilika in Mariazell. Die beiden Benediktinerstifte, St. Lambrecht und

Seckau, aber auch das höchstgelegenste Wallfahrtskirchlein der Ostalpen, Maria Schnee mit seiner Hochalm-Muttergottes, bilden die spirituell-kulturhistorischen Höhepunkte. Einmalige Naturlandschaften entlang des Weges entschädigen die Pilger für alle körperlichen Mühen.
Die Strecke besteht aus kleinen Fußwegen und Seitenstraßen, führt teilweise aber auch durch hochalpines Gelände mit recht anspruchsvollen Etappen, die nur für erfahrene Pilger und Weitwanderer geeignet sind. So ist eine gewisse Bergwandererfahrung unbedingt erforderlich – nicht zuletzt für die individuelle Tourenplanung anhand der Längen- und Höhenprofile. Da der Weg auch im alpinen Gelände verläuft, sind Schnee und Nebel hier auch im Sommer möglich.
Um unliebsame Überraschungen zu vermeiden, sollte man zudem unbedingt die Verfügbarkeit der Quartiere vorab klären. Ansprechpartner sind jeweils die lokalen Tourismusbüros.

Ausgangspunkt des Mariazeller Gründerweges: das Benediktinerstift St. Lambrecht.

Da der Weg nicht durchgehend einheitlich markiert ist, ist es sinnvoll, die entsprechenden Wanderkarten mit im Rucksack zu haben, um sich zusätzlich orientieren zu können.

Die Pilgerreise nimmt ihren Anfang beim Benediktinerstift St. Lambrecht und führt durch die St. Lambrechter Klamm über die Orte Teufenbach, Scheifling und Unzmarkt-Frauenburg, teilweise auch entlang der Mur nach Oberzeiring im Pölstal, bekannt für seinen Heilstollen. Einen Besuch wert sind hier die Elisabethkirche mit den wertvollen Fresken und das Silberbergwerk mit Schaustollen.

Der weitere Weg bietet unterwegs wunderschöne Ausblicke in die Bergwelt des Murtales. Die romanische Benediktinerabtei Seckau ist das Ziel der zweiten Etappe. Sie wurde 1142 gegründet und blieb Bischofsitz bis 1782. Im Jahr 1218 wurde hier der Grundstein für die heutige Diözese Graz-Seckau gelegt.

Für die nächste Etappe sind gute Kondition, aber auch Trittsicherheit erforderlich. Eine großartige Fernsicht von der Wallfahrtskirche Maria Schnee (1 822 m) auf die Seetaler Alpen, Wölzer Tauern und die Hirschegger Alpe und das beeindruckende Panorama am Bremstein mit den Rottenmanner Tauern, den Eisenerzer Alpen und dem Nationalpark Gesäuse belohnen die Mühen. So gelangt man am Abend nach Mautern mit seiner Pfarrkirche St. Michael und der ehemaligen Klosterkirche zur hl. Barbara, die von einem örtlichen Verein liebevoll betreut wird.

Von Mautern über Kammern wird auf gemütlichen Waldwegen der montanhistorisch bedeutsame Ort Vordernberg in der Erlebnisregion Erzberg erreicht. Hier kann man alles über die Eisenerzproduktion der Vergangenheit und Gegenwart erfahren. Eine alternative Wegroute (Alpinvariante) über das Gößeck (2 214 m) ist auf dieser Etappe ebenfalls möglich.

Von Vordernberg geht es weiter über die Erzherzog Johann Hube zu dem ruhig gelegenen Ort Tragöß, bekannt für sein Naturjuwel, den Grünen See. Von dort setzt sich der Weg über das Riegnereck und entlang des Oischingbachs fort, hin zu dem kleinen Ort Etmißl und weiter über das Steinerkreuz am Fuße des Gaiberg zur Straße nach St. Ilgen. Bald darauf tritt man ins Aflenzer Becken ein: Aflenz Kurort leuchtet schon von weitem entgegen. Das fünfte Etappenziel ist erreicht.

Für die verbleibenden 37 Kilometer gibt es nun unterschiedliche Zugänge: Die einen gehen am nächsten Tag schnurstracks durch bis Mariazell, die anderen wandern, die Strecke gut aufteilend, bis Seewiesen am Fuß des Seebergsattels und behalten sich das größere Schlussstück für den letzten Tag vor.

Das Naturjuwel Grüner See bei Tragöß.

Viele jedoch gehen bis Gußwerk ins Tal der Salza, immerhin auch 32 Kilometer, nächtigen hier und haben tags darauf nur mehr kurze, angenehme sechs Kilometer bis Mariazell vor sich. Über den Sigmundsberg mit seiner wunderschönen Kapelle und dem Ursprungfelsen, einem besonderen Kraftort, wird so Mariazell erreicht, wo den Pilger die Statue der *Magna Mater Austriae* in der Basilika Mariazell empfängt. Letztere Variante ermöglicht das Mitfeiern der vormittäglichen Wallfahrermesse und einen ruhigen Ausklang des Tages in Mariazell.

Für den Mariazeller Gründerweg gibt es unterschiedliche Etappenvorschläge, welche auf der Homepage gut beschrieben sind. Der Weg für den gemütlichen Pilger besteht aus 10 Tagesetappen: Außer der längeren Strecke von Oberzeiring nach Seckau ist keine Tagesetappe länger als 25 bis 28 Kilometer, an manchen Tagen sind nur 13 bis 18 Kilometer zurückzulegen. Dadurch bleibt viel Zeit und Muße, um die vielen landschaftlichen und kulturellen Besonderheiten unterwegs zu entdecken.
Der Weg für den flotten Pilger beträgt 8 Tagesetappen. Sie sind dabei so eingeteilt, dass täglich zwischen 25 und 35 Kilometer gegangen werden. Für Pilger und Wanderer mit durchschnittlicher Kondition ist dennoch ausreichend Zeit für Besinnung und Einkehr am Weg.
Für den sportlich ambitionierten Pilger ist der Weg mit 7 Tagesetappen zu veranschlagen: durchaus eine sportliche Herausforderung, die gute Kondition erfordert und bei der täglich zwischen 30 bis 35 Kilometer zu bewältigen sind.
Der Weg eignet sich aufgrund der gut erreichbaren Ein- und Ausstiegstellen auch sehr gut für „Wochenendpilger", welche nur zwei oder zweieinhalb Tage Zeit haben oder nur einzelne Etappen gehen möchten.

Weglänge	etwa 190 km
Höhenlage	646 m bis 1 902 m Seehöhe
Höhenmeter	Aufstieg: 7 491 hm; Abstieg: 7 669 hm
7 Etappen	St. Lambrecht → Oberzeiring, 33,7 km, 10,5 h Oberzeiring → Seckau, 36,4 km, 11 h Seckau → Mautern, 25,3 km, 11,5 h Mautern → Vordernberg, 27,7 km, 7,5 h *Alpinvariante Mautern → Vordernberg*, 29,3 km, 11h Vordernberg → Aflenz Kurort, 31,4 km, 7 h Aflenz Kurort → Gußwerk, 32,2 km, 11,5 h Gußwerk → Mariazell, 5,2 km, 1,5 h
10 Etappen	Die Etappenaufteilung für die 10-Tages Tour könnte folgend aussehen: St. Lambrecht → Unzmarkt, 22,4 km Unzmarkt → St. Oswald-Möderbrugg, 16,3 km St. Oswald-Möderbrugg → Seckau, 36,4 km Seckau → Mautern, 25,4 km Mautern → Trofaiach-Hafning, 20,7 km Trofaiach-Hafning → Tragöß, 19,5 km Tragöß → Aflenz Kurort, 18,9 km Aflenz Kurort → Seewiesen, 11,9 km Seewiesen → Gußwerk, 20,3 km Gußwerk → Mariazell, 5,2 km
Info	www.mariazeller-gruenderweg.at www.steiermark.com/pilgern **Tourismusverband St. Lambrecht** Hauptstraße 1, 8813 St. Lambrecht T: +43 (0)3585 2345, E: lambrecht@natura.at www.stlambrecht.at **Tourismusverband Mariazeller Land** Hauptplatz 13, 8630 Mariazell T: +43 (0)3882 2366, E: tourismus@mariazell-info.at www.mariazell-info.at

Mariazeller Pilgerwege des Österreichischen Alpenvereins Weitwanderweg 06

WIEN • NIEDERÖSTERREICH • BURGENLAND • OBERÖSTERREICH • SALZBURG • KÄRNTEN • STEIERMARK

Unterwegs auf den traditionellen Wegen der Wallfahrer

Der Wallfahrtsort Mariazell wurde als solcher 1266 erwähnt. Die legendäre Gründung durch den Mönch Magnus vom Benediktinerkloster St. Lambrecht in der Steiermark soll bereits 1157 erfolgt sein. Mariazell blieb auch immer mit diesem Kloster verbunden. 1787 verbot Joseph II. zwar die Wallfahrt, nach seinem Tod stieg aber die Schar der Wallfahrer wieder sprunghaft an. Im Zuge der Gegenreformation wurde Mariazell, nun wieder gefördert durch das Kaiserhaus, zum Nationalheiligtum und zum größten Wallfahrtsort der damaligen Monarchie. Menschen aus allen Kronländern pilgerten dorthin. Viele positive und negative Ereignisse der Monarchie waren mit diesem Ort verbunden. Zur Basilika wurde die Wallfahrtskirche 1907 von Papst Pius X. ernannt.

Das System der „Mariazeller Wallfahrerwege 06“ wurde 1980 vom Österreichischen Alpenverein (ÖAV) initiiert. Dabei wurden traditionelle Wallfahrerwege aus allen Himmelsrichtungen miteinander vereint. Aus Salzburg, Ober- und Niederösterreich, Wien, dem Burgenland, der Steiermark und Kärnten führen die Wege sternförmig zum Gnadenort. Auch die Landeshauptstädte Salzburg, Linz, St. Pölten, Eisenstadt, Graz, Klagenfurt und

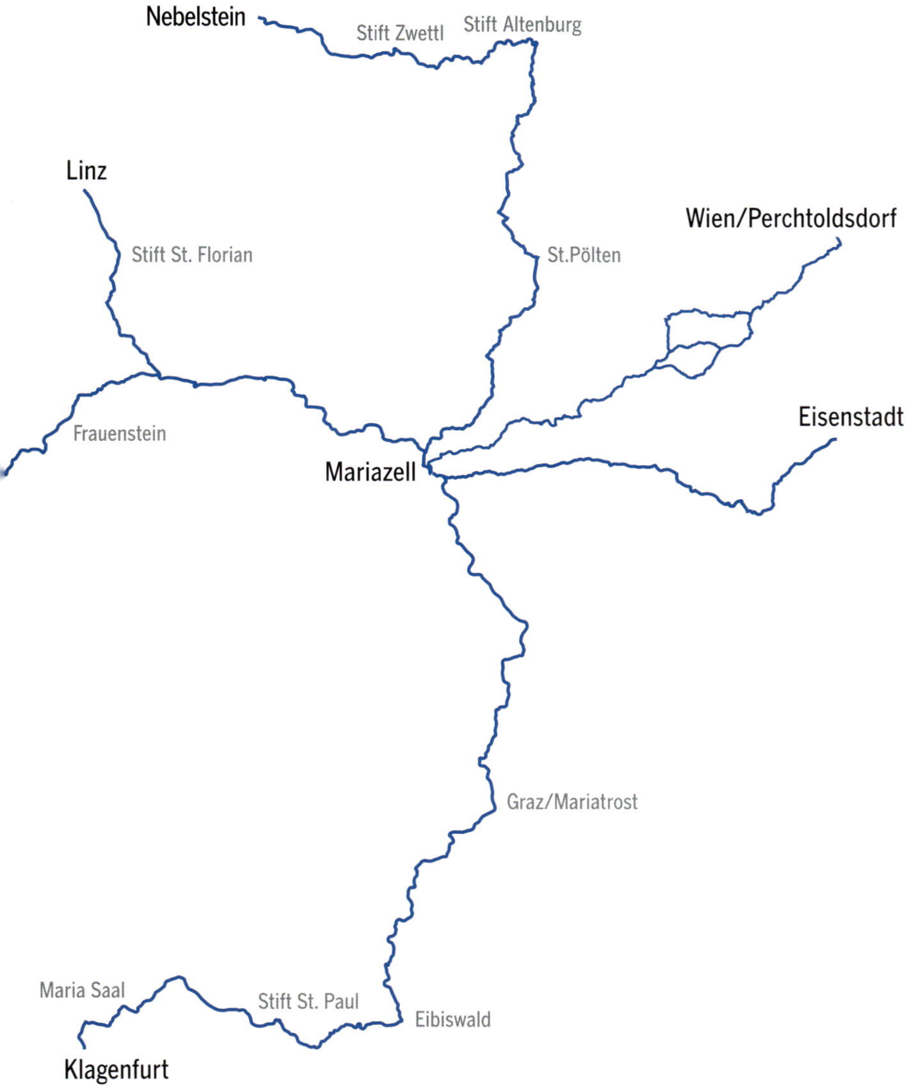

die Bundeshauptstadt Wien wurden über dieses Wegesystem mit Mariazell verbunden.

Die Gesamtlänge umfasst etwa 1 400 Kilometer mit unterschiedlichen Schwierigkeitsgraden der Wegabschnitte. Diese reichen von leichten bis hin zu alpinen Touren. Nicht alle Etappen sind ganzjährig begehbar, für so manchen alpinen Abschnitt ist das Zeitfenster sogar recht knapp. Unbedingt zu beachten ist, dass

Blick von Nordosten hinunter zur Basilika Mariazell.

viele Alpenvereinshütten als Unterkunft dienen und entsprechend rechtzeitig zu reservieren sind. Darüber hinaus ist es ratsam, sich auf der Homepage der Sektion Weitwanderer des ÖAV über aktuelle Änderungen (Wegsperren, Unterkünfte) zu informieren.

Gesamtlänge	1 400 km
Höhenlage	182 m bis 1 988 m Seehöhe
Info	Österreichischer Alpenverein, Sektion Weitwanderer, Gert Kienast Peierlhang 9/5, 8042 Graz www.alpenverein.at/weitwanderer weitwanderer@sektion.alpenverein.at
Buchtipp	Detaillierte Informationen bieten die beiden Bände von Käfer, Erika und Fritz: *Pilgerwege nach Mariazell* (West/Süd und Nord/West) Graz: Styria Regional, 2015

maria zeller wege

Burgenländischer Mariazellerweg 06

Vom Domplatz in Eisenstadt führt der Weg auf der ersten Etappe über das Angerdorf Kleinhöflein und später Großhöflein zur mächtigen Burg Forchtenstein am Ostabhang des Rosaliengebirges, das am nächsten Tag überschritten wird. Eine Rast lohnt sich hier bei der 1670 erbauten Rosalienkapelle, die der Pestpatronin geweiht ist. Ziel dieses Tages ist Pitten im gleichnamigen Tal.
Von dort geht es vorbei an Neunkirchen und durch die romantische Johannisbachklamm nach Grünbach und Puchberg am Schneeberg mit seiner Zahnradbahn auf den Hochschneeberg. Über die Mamauwiese setzt sich der Weg ins Höllental nach Schwarzau im Gebirge und über die Gscheidlhöhe zum Lahnsattel und nach Terz fort. Durch das Obere und Untere Halltal kommt schließlich der Burgenländische Mariazellerweg am Gnadenort an.

Start	Eisenstadt
Weglänge	etwa 145 km
Höhenlage	182 m bis 1 134 m Seehöhe
Etappen	6

Kärntner Mariazellerweg 06

Aus der Landeshauptstadt Klagenfurt am Wörthersee führt der Kärntner Mariazellerweg zuerst nach Maria Saal mit seinem beeindruckenden Dom und weiter auf den aussichtsreichen Magdalensberg. Hier gilt es sich zu entscheiden, wie die weitere Route verlaufen soll. Entweder wird der Weg über Brückl im Görschitztal, den Sonnenort Diex und Griffen mit seiner Tropfsteinhöhle nach Lavamünd fortgesetzt, um von dort über das Sobothgebiet in das steirische Eibiswald zu gelangen, wo man am Steirischen Mariazellerweg weitergeht.

Etwas kürzer, jedoch alpiner, führen zwei weitere Routen nach Mariazell. Bei diesen und den anschließenden Etappen handelt es sich um ein alpines Unternehmen, das zwar bei Schönwetter problemlos zu bewältigen ist, bei widrigen Wetterverhältnissen jedoch größte Vorsicht verlangt.

Bei Variante 1 (Variante Krappfeld) gelangt man auf dem Hemmaweg über St. Georgen am Längsee, Maria Wohlschart, Passering, Kappel am Krappfeld, die Wallfahrtskirche Mariahilf und Guttaring nach Maria Waitschach, um dann über St. Martin am Silberberg zur St. Martiner Hütte und über die Feldalmhütte nach Reichenfels zu kommen.

Bei der Variante 2 (Variante Saualpe) wandert man weiter nach Diex und von dort zur Wolfsberger Hütte. Über die Saualpe geht es weiter zum Klippitztörl und nach Reichenfels, wo der Zusammenschluss mit der vorigen Variante erfolgt.

Variante 1: Klagenfurt → Mariazell: 9 Etappen
Variante 2: Klagenfurt → Mariazell: 10 Etappen

Der weitere Weg führt von Reichenfels auf dem Oberlavanttaler Rundweg über den Peterer Sattel zum Salzstieglhaus sowie zum Gaberl und über das Oskar-Schauer-Sattelhaus zum Gasthof Gleinalm. Von dort geht es über den Gleinalpenzug zum Hochanger-Schutzhaus und hinunter nach Bruck an der Mur. Nun geht es wieder aufwärts zum Frauenberg und weiter nach Mürzhofen im Mürztal, um durch den Mürzgraben zum Troiseck zu gelangen, wo man noch vor dem Pretalsattel auf den Steirischen Mariazellerweg trifft, auf dem jene Pilger herkommen, welche die Route von Klagenfurt über Eibiswald gewählt haben.

Start	Klagenfurt
Weglänge	etwa 135 km bis Eibiswald, ab Eibiswald weiter auf dem Steirischen Mariazellerweg
Höhenlage	446 m bis 1988 m Seehöhe (inkl. Alpinvarianten)
Etappen	8 bis Eibiswald, 10 am Steirischen Mariazellerweg

Niederösterreichischer Mariazellerweg 06

Im Waldviertel, kurz vor der Grenze zu Tschechien, ist der Nebelstein (1 017 m), ein Ausläufer des Böhmerwaldes, Ausgangspunkt für den Niederösterreichischen Mariazellerweg. Er führt durch den malerischen Waldviertler Freiwald zuerst hin zum Stift Zwettl und über die Kamptalseen weiter in den Hornerwald, vorbei an Stift Altenburg, bevor er sich dann bei Rosenburg am Kamp, mit einer der schönsten Burgen Österreichs, Richtung Süden wendet. Weiter geht es über Tautendorf, Schiltern und Senftenberg nach Stein und Mautern an der Donau und durch den mystischen Dunkelsteinerwald in die Landeshauptstadt St. Pölten. Von dort führt der Weg weiter auf den Kaiserkogel und über einen steilen Aufstieg auf den Hohenstein nach Türnitz. Hier bieten sich mehrere Wegvarianten für das Schlußstück nach Mariazell an: entweder auf dem Hauptweg über Ulreichsberg und die Walsterregion nach Mariazell oder über den Tirolerkogel und Annaberg, sowie dem Josefsberg nach Mitterbach und Mariazell.

Start	Nebelstein
Weglänge	etwa 255 km
Höhenlage	199 m bis 1377 m Seehöhe
Etappen	12

Oberösterreichischer Mariazellerweg 06

Ausgangspunkt dieses Weges ist der Pöstlingberg bei Linz. Er führt durch die Landeshauptstadt Linz, vorbei an Stift St. Florian und den weltberühmten Ort Christkindl in die alte Bezirksstadt Steyr. Ab dem Willeitenberg ist er gemeinsam mit dem Salzburger Mariazellerweg und der Via Maria unterwegs und verläuft

Auf dem Salzburger bzw. Oberösterreichischen Mariazellerweg durch die Ötschergräben.

über den Plattenberg und Spadenberg nach Maria Neustift, wo die landschaftlich schöne Strecke durch das Alpenvorland beginnt. Über Waidhofen an der Ybbs, Maria Seesal und Gscheid geht es weiter nach Lunz am See, Lackenhof am Ötscher und dann in einer Variante über das hoch gelegene Ötscherschutzhaus beziehungsweise die Ötschergräben und Mitterbach am Erlaufsee bis nach Mariazell.

Start	Linz
Weglänge	etwa 160 km
Höhenlage	260 m bis 1418 m Seehöhe
Etappen	7 bis 8

Salzburger Mariazellerweg 06

Der Salzburger Mariazellerweg führt vom Domplatz in einem ersten Anstieg auf den Gaisberg, um dann über Ebenau und Faistenau nach Fuschl am See und danach nach St. Gilgen an

den Wolfgangsee zu kommen. Mit Blick auf den See gelangt man über den Falkenstein nach St. Wolfgang mit der berühmten Wallfahrtskirche. Das nächste Stück verläuft relativ flach in die Kaiserstadt Bad Ischl und weiter nach Ebensee. Wer eine größere Herausforderung sucht, kann jedoch auch über das Höllengebirge via Hochleckenhaus nach Ebensee pilgern.
Von Ebensee geht die nächste Etappe nach Grünau im Almtal beziehungsweise an den Almsee und tags darauf weiter zur Wallfahrtskirche Frauenstein mit ihrer berühmten Schutzmantelmadonna. Über Molln, dem Zentrum des Nationalparks Kalkalpen, gelangt man in den Dorngraben. Der Aufstieg vom Dorngraben zum Sulzboden ist zwar eine kleine Herausforderung, danach geht es jedoch wieder gemütlich abwärts nach Ternberg im Ennstal. Nun sind es noch etwa 12 Kilometer, und der Salzburger Mariazellerweg trifft am Willeitenberg auf den Oberösterreichischen. Gemeinsam führen sie über Spadenberg, Maria Neustift, Waidhofen an der Ybbs, den Lunzer See und die Ötscherregion zur *Magna Mater Austriae* weiter.

Start	Salzburg
Weglänge	etwa 310 km
Höhenlage	424 m bis 1752 m Seehöhe
Etappen	11

Steirischer Mariazellerweg 06

Der Kärntner Mariazellerweg kommt über die Soboth in Eibiswald an und setzt sich ab dort als Steirischer Mariazellerweg fort – auf ähnliche Weise führen der Salzburger und Oberösterreichische Mariazellerweg im Gleichklang ab dem Willeitenberg nach Mariazell.

Der Steirische Mariazellerweg führt durch das weststeirische Schilcherland über Schwanberg, Deutschlandsberg am Fuß der Koralpe, Bad Gams und Stainz mit seiner ehemaligen Stiftskirche und seinem mächtigen Schloss mit dem Jagdmuseum in die Landeshauptstadt Graz. Diese durchquert man am besten mit einem öffentlichen Verkehrsmittel, ehe man den Weg an der Wallfahrtskirche Mariatrost im Osten von Graz fortsetzt. Von dort geht es auf den Erholungsberg der Grazer, auf den panoramareichen 1 445 m hohen Schöckl.
Der nächste Tag beinhaltet eine Tal- und Bergwertung durch den Naturpark Almenland in der Oststeiermark: zuerst abwärts zur ehemaligen Bergwerkssiedlung Arzberg und über Passail und den Schwarzkogel wieder aufwärts, um zum Abschluss auf der Sommeralm mit fast gleicher Seehöhe wie beim morgendliche Aufbruch anzukommen.
Über Straßegg folgt der Weg zum Gasthof auf der Schanz, von dort geht es über die Stanglalm steil abwärts nach Mitterdorf im Mürztal. Ist die Talsohle durchschritten, geht es wieder aufwärts über die Hundskopfhütte und den Pretalsattel zur Rotsohlalm am Fuße der Hohen Veitsch und über den Niederalplpass nach Schöneben.
Wahlweise kann auch vom Gasthof auf der Schanz über das Alpl, Krieglach, das Veitschbachtörl und über Mürzsteg im Naturpark Mürzer Oberland zum Buchalpenkreuz sowie Schöneben gegangen werden. Von Schöneben ist es nun noch eine Tagesetappe über das Niederalpl und den Herrenboden nach Mariazell.

Start	Eibiswald
Weglänge	etwa 215 km
Höhenlage	342 m bis 1 490 m Seehöhe
Etappen	10

Wiener Mariazellerweg 06

In Ergänzung zum alten Wallfahrerweg Via Sacra entstand 1975 der Wiener Wallfahrerweg (siehe S. 64), der seinen Ausgangspunkt am Stadtrand der Bundeshauptstadt hat. Er verläuft zuerst etwa bis Peilstein gleich mit der Via Sacra, um sich dann später in einige alpinere Varianten aufzuteilen.

Den Ausgangspunkt bildet der südwestliche Wiener Stadtrand bei Perchtoldsdorf oder Wien-Rodaun. Von dort geht es durch den südlichen Wienerwald nach Heiligenkreuz, weiter über Mayerling nach Maria Raisenmarkt zum Peilstein. Über den Wallfahrtsort Hafnerberg führt der Weg in den alten Wallfahrtsort Klein-Mariazell, nun folgt die Hauptroute nach Kaumberg. Eine sportliche Variante verläuft später zur Araburg, von dieser auf das Kieneck und weiter nach Unterberg. Wer es lieber gemächlicher möchte, weicht zwischen Maria Raisenmarkt und Unterberg auf die flachere Alternativroute über Muggendorf aus. Von Unterberg führen dann die Wege wieder gemeinsam hinunter nach Rohr im Gebirge und in die Kalte Kuchl. Über St. Aegyd am Neuwalde, das Kernhofer Gscheid, die Walster und vorbei am Hubertussee sowie über den Habertheuersattel gelangt man in den Gnadenort.

Start	Wien
Weglänge	etwa 120 km
Höhenlage	265 m bis 1187 m Seehöhe
Etappen	5

Mariazellerwege aus Slowenien

KROATIEN • SLOWENIEN • STEIERMARK

Aus dem Süden Europas nach Mariazell

Seit vielen Jahrzehnten ist Mariazell auch Ziel der Pilger aus den südlichen Länder Europas. So wundert es nicht, dass Wege aus Kroatien quer durch Slowenien hindurch zu dem steirischen Marienwallfahrtsort führen. Im Rahmen eines EU-Projektes wurden diese Wege reaktiviert, und so spannt sich ein weites Wegenetz von Marija Bistrica in Kroatien im Süden bis Mariazell.

Zwei Wege führen von Slowenien und der Südgrenze Österreichs als Zubringerwege zu den klassischen Weitwanderwegen 06 (Mariazeller Wege) des Österreichischen Alpenvereins, die dann ab Graz beziehungsweise über die Oststeiermark den Pilger nach Mariazell begleiten: der erste kommt bei Mureck über die slowenische Grenze, der zweite nimmt in Bad Radkersburg seinen Ausgang.
Wer in Mureck beginnt, sollte sich gleich zu Beginn etwas Zeit für die Besichtigung der Schiffsmühle nehmen, gebaut nach dem Prinzip eines Hausbootes. 1997 wurde die Mühle originalgetreu restauriert und ist die einzige dieser Art in Mitteleuropa. Beachtenswert ist aber ebenso das Grenzmarterl in Mureck, welches seit 1968 zu einem friedvollen Miteinander der Völker ermutigt und den Wunsch nach einem friedvollen Europa zum Ausdruck bringt. Durch das Natura-2000-Gebiet der Murauen geht es durch das zweitgrößte Auwaldgebiet Europas bis nach St. Nikolai ob Draßling. Die Etappe endet bald danach in Wolfsberg im Schwarzautal.
Von dort führt der Marienweg durch die Heimat des grünen Goldes: So wird das steirische Kürbiskernöl genannt. Ein wunderbarer Rastplatz ist dabei die Kapelle in Glojach, ein Kraftort mit Blick bis zur Koralpe im Westen und ins Wechselgebiet im Norden.
Bald nach dem Aufbruch wird am dritten Tag die Wallfahrtskirche von Fernitz passiert, sie liegt im Süden vor der Landeshauptstadt Graz und zählt zu den traditionsreichsten Wallfahrtskirchen der Steiermark – und das seit 1150. Die Kirche Maria Trost ist ein kunstvolles, spätgotisches Juwel. Der Weg nähert sich nun Graz und schwenkt in den Murradweg ein, der in die Landeshauptstadt führt.
Ein gutes Ziel für diesen letzten Abschnitt kann die Mariahilferkirche mit dem angeschlossenen Kulturzentrum der Minoriten sein. Bereits im 13. Jahrhundert siedelten sich die Mönche hier an, ihr Kloster grenzt heute noch an den großartigen, erst

kürzlich renovierten Bau. Graz durchquerend kann der Weg seine Fortsetzung mit der Wallfahrtsbasilika Mariatrost im Osten der Stadt am steirischen Mariazellerweg finden.
Wird der soeben beschriebene Weg in Gegenrichtung, also von Graz nach Mureck begangen, gilt er als ein Stück Steirischer Jakobsweg, der in dieser Variante von Graz nicht über die Weststeiermark, sondern über Mureck und Maribor/Marburg nach Lavamünd zum Kärntner Jakobsweg hin führt (siehe S. 126 ff.).
Die östliche Variante des Marienweges aus Slowenien startet in Bad Radkersburg und führt durch das oststeirische

Umgeben von Weinbergen: Kapfenstein am Slowenischen Mariazellerweg unmittelbar in der Nähe des Dreiländerecks Österreich-Slowenien-Ungarn.

Thermen- und Vulkanland bis nach St. Magdalena. Hier trifft der Weg auf den von Ungarn und das Burgenland kommenden Ungarischen Mariazellerweg.

Bad Radkersburg, das wunderbare Grenzstädtchen zu Slowenien, besitzt neben der belieben Parktherme mit dem Rathausturm, der Stadtpfarrkirche und der Frauenkirche aus dem Spätbarock sehenswerte Kulturdenkmäler. Entlang der Grenze zu Slowenien geht es über Klöch, dem Ausgangspunkt der Klöcher Weinstraße, und St. Anna am Aigen mit seinen vielen Aussichtspunkten ins Vulkanland bis nach Kapfenstein.

Immer wieder schweift der Blick über die Grenze. Bei St. Anna mit der gesamtsteirischen Vinothek befindet sich das Dreiländereck, wo sich Österreich, Slowenien und Ungarn berühren. Unweit von Kapfenstein liegt Bad Gleichenberg: Die Heilquellen werden hier seit der Römerzeit genutzt und damit ist der Ort die älteste Therme der Steiermark.

Der nächste Tag bringt den Pilger auf der halben Wegstrecke nach Fehring, einem Zentrum des steirischen Thermen- und Vulkanlandes und endet bei der imposanten Riegersburg mit ihren schaurig-mythischen Geschichten – sie ist einen Besuch wert, schon allein wegen der Aussicht. Die heute durchquerte Region ist für ihre regionalen Köstlichkeiten bekannt.

Noch einmal auf die Riegersburg zurückblickend geht es weiter über das Kräuterdorf Söchau nach Fürstenfeld, bekannt durch den gleichnamigen Hit der steirischen Gruppe STS, nach Bad Blumau mit seiner sehenswerten Therme, welche von Friedensreich Hundertwasser gestaltet wurde und zur Regeneration einlädt.

Schließlich liegt am vierten Tag noch die Heiltherme Bad Waltersdorf am Weg, ehe man in St. Magdalena eintrifft, wo die Pilgerwanderung nach Mariazell am Ungarischen Mariazellerweg entweder über Vorau oder Pöllauberg fortgesetzt werden kann.

Weg 1	Mureck → Graz
Weglänge	etwa 80 km
Höhenmeter	Aufstieg: 1 214 hm; Abstieg: 1 052 hm
Höhenlage	230 m bis 1 052 m Seehöhe
3 Etappen	Mureck → St. Nikolai ob Draßling → Wolfsberg im Schwarzautal, 29 km Wolfsberg im Schwarzautal → Kirchbach → St. Ulrich am Waasen, 32 km St. Ulrich am Waasen → Fernitz → Graz, 19 km Anschlussweg: siehe Steirischer Mariazellerweg 06 (Graz → Mariazell, 5 Etappen)

Weg 2	Bad Radkersburg → St. Magdalena
Weglänge	etwa 96 km
Höhenlage	202 m bis 453 m Seehöhe
Höhenmeter	Aufstieg: 1 656 hm; Abstieg: 1 400 hm
4 Etappen	Bad Radkersburg → Klöch → St. Anna/Aigen → Kapfenstein, 37 km Kapfenstein → Fehring → Riegersburg, 19 km Riegersburg → Söchau → Fürstenfeld → Bad Blumau, 24 km Bad Blumau → Bad Waltersdorf → St. Magdalena, 16 km Anschlussweg: siehe Ungarischer Mariazellerweg (St. Magdalena → Mariazell, 4 bis 5 Etappen)

Info	www.steiermark.com/pilgern **Thermenland Süd- & Oststeiermark Marketing GmbH** Radersdorf 75, 8263 Großwilfersdorf T: +43 (0)3385 66040, E: info@thermenland.at www.thermenland.at **Oststeiermark Tourismus** St. Johann bei Herberstein 100, 8222 Feistritztal T: +43 (0)3113 20678, E: info@oststeiermark.com www.oststeiermark.com

Die ungarischen Mariazellerwege
Mária Út-Wege

RUMÄNIEN • UNGARN • BURGENLAND •
STEIERMARK • NIEDERÖSTERREICH

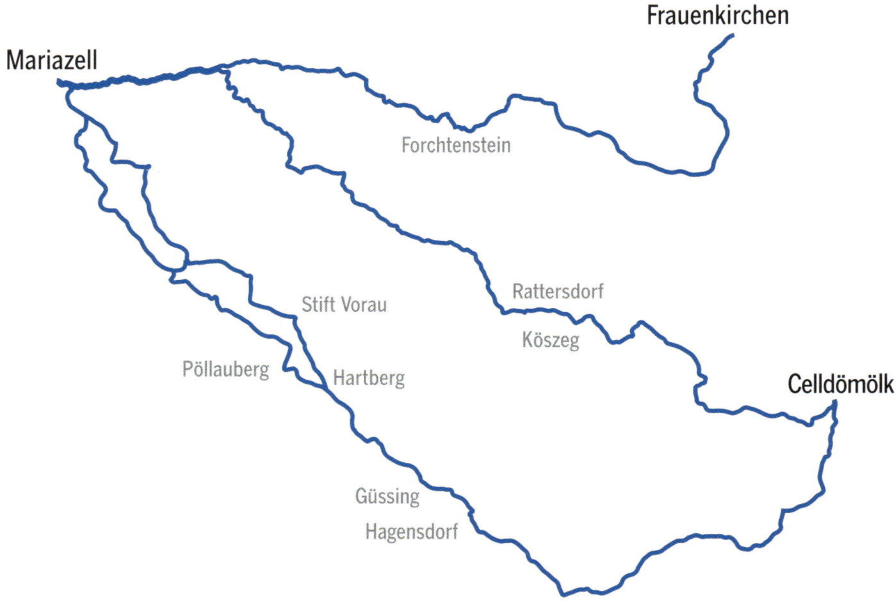

Traditionelle Mariazellerwege aus Ungarn nach Mariazell

Einige Pilgerwege führen von Rumänien und Ungarn nach Mariazell, das schon zu Zeiten der Monarchie ein bedeutender Gnadenort für die mittel- und osteuropäische Bevölkerung war. Diese Wege haben eine mehrere Jahrhunderte alte Tradition. Drei von ihnen wurden seit den 90er-Jahren in einem EU-Projekt als der Marienweg „Mária Út" neu belebt.

Der Marienweg mit einer Gesamtlänge von etwa 1 400 Kilometern beginnt im rumänischen Csiksomlyó/Schomlenberg in

Siebenbürgen und führt über den berühmten ungarischen Wallfahrtsort Celldömölk/Kleinzell nach Mariazell.
Ab Celldömölk gibt es die Möglichkeit, über den Grenzort Kőszeg, Lockenhaus und die Bucklige Welt (Hauptroute) oder aber über Güssing und die Oststeiermark (Südroute) nach Mariazell zu gelangen.
Pilger, welche von Norden her aus Tschechien (Bratislava) kommen, wählen die Route über Frauenkirchen, den Seewinkel und Sopron am Mária Út-Weg, erreichen dann Mattersburg und setzen am burgenländischen Mariazellerweg ihre Route fort.
Die Haupt- und Nordroute sind traditionelle Wege über das Burgenland nach Mariazell, welche jedoch kaum erfasst sind. So seien im Folgenden nur die wesentlichen Stationen dieser beiden Wege genannt. Wer sich hier auf den Weg macht, erlebt Pilgern vielleicht in seiner noch ursprünglichsten Form. Gute Wanderkarten und die Informationen der Tourismusbüros vor Ort helfen weiter.

Die Hauptroute des ungarisch-österreichischen Marienweges beginnt in Ungarn im Marienwallfahrtsort Celldömölk und führt über Sárvár, Csepreg und Kőszeg ins Burgenland.
Von Kőszeg führt der Weg über Rattersdorf mit der ältesten Wallfahrtskirche des Burgenlands am Fuß der sehenswerten Burg Lockenhaus nach Lockenhaus. Weiter geht es nach Langeck im Burgenland, an Deutsch Gerisdorf vorbei nach Bubendorf. Von dort geht es weiter nach Kirchschlag in der Buckligen Welt und Niederösterreich.
Über Krumbach, Aspang-Markt, Kirchberg und Payerbach kommt man nach Schwarzau im Gebirge und kann ab dort dem Burgenländischen Mariazellerweg 06 folgen. Die Strecke von Kőszeg nach Mariazell beträgt etwa 147 Kilometer.

Die Nordroute des Marienweges beginnt im burgenländischen Wallfahrtsort Frauenkirchen und führt durch den Seewinkel am

Zicksee bei St. Andrä und der Langen Lacke im Nationalpark Neusiedlersee vorbei am Feriendorf Vila Vita und der Martinskapelle entlang der Straße zwischen Apetlon und Pamhagen nach Ungarn. Über Sarród, Fertőd, Hidegség, Sopron und Ágfalva führt der Weg wieder ins Burgenland zurück. Von Schattendorf geht es zum ehemaligen Paulinerkloster in Baumgarten, weiter über Walbersdorf und Mattersburg nach Forchtenstein, wo es den Anschluss an den Burgenländischen Mariazellerweg 06 gibt. Die Gesamtlänge der nördlichen Route beträgt 184 Kilometer.

Die Südroute des Mária Út-Weges, die auf der österreichischen Seite am besten in Güssing begonnen wird, führt den Pilger durch die Oststeiermark nach Mariazell, entweder über die Wallfahrtskirche Pöllauberg oder über das Stift Vorau. Diese Routen sind online sehr gut dokumentiert.
Wer von Ungarn kommt, betritt bei Hagensdorf in der Gemeinde Heiligenbrunn im Burgenland österreichisches Staatsgebiet. Viele Pilger beginnen den Weg jedoch in der nahen Stadt Güssing und wandern von dort nach Stegersbach, bekannt für seine Therme. Bei Wörth an der Lafnitz ist bald darauf die Steiermark erreicht. Die weitere Route verläuft über St. Magdalena. Hier stößt man wiederum auf den aus Bad Radkersburg kommenden und durch das Thermen- und Vulkanland führenden Slowenischen Marienweg. Gemeinsam geht es ab hier weiter nach Hartberg mit seiner wunderschönen Altstadt. Das historische Zentrum ist geprägt von der imposanten barocken Stadtpfarrkirche St. Martin, dem Rathaus sowie der Apotheke mit ihrem eindrucksvollen Portal.
Ab Hartberg gibt es zwei Varianten: entweder über die Wallfahrtskirche Pöllauberg oder über das Stift Vorau.

Variante 1 führt zuerst in den Naturpark Pöllauer Tal mit dem „Steirischen Petersdom“, das heutige Schloss und einstige

Das imposante Innere der Stiftskirche des Augustiner-Chorherrenstiftes Vorau.

Augustiner-Chorherrenstift in Pöllau. Die ehemalige Stiftskirche St. Veit ist in ihren Ausmaßen die größte barocke Kirche der Steiermark. Der Bau wurde in seinen Proportionen dem römischen Petersdom nachgebildet. Schon von weitem leuchtet jedoch im Naturpark die über dem Tal thronende Wallfahrtskirche

Das Alpl – die Heimat des steirischen Dichters Peter Rosegger (1843–1918).

Pöllauberg entgegen. Von dort geht es auf den ersten Kilometern entlang des Themenpilgerweges „Pankratiusweg" in das Herz des Joglландes. Mit dem Masenberg (1 261 m) erwartet den Pilger eine erste Gipfeltour. Über Miesenbach und Strallegg wird Fischbach erreicht und damit Peter Roseggers Waldheimat. Fischbach ist ein schmucker Höhenluftkurort, der auch zu einer längeren Rast zwischendurch einlädt oder sich als Etappenziel anbietet. Wer früher oder später weiterzieht, kommt nun zum Schanzsattel mit dem Schanzwirt: ein beliebter Treffpunkt für Pilger und Wallfahrer, welche ab hier dem Steirischen Mariazellerweg 06 folgen. An diesem Punkt ist es auch möglich, den Weg alternativ in Richtung Alpl und über die parallel laufende Route via Krieglach nach Mariazell fortzusetzen.
Durch Peter Roseggers Waldheimat wird von der Schanz über die Stanglalm, mit schöner Aussicht auf das Mürztal, Mitterdorf im Mürztal erreicht. Von hier geht es über die Hundskopfhütte

im Angesicht des Veitscher Pilgerkreuzes weiter auf den Pretalsattel, der die Veitsch mit dem Aflenzer Becken verbindet. Das Veitscher Pilgerkreuz, ein Zeichen des Friedens, ist mit fast 41 Meter Höhe das größte Holzkreuz der Welt und bis auf eine Höhe von 27 Metern innen begehbar. Das Innere des Pilgerkreuzes beinhaltet thematisch unterschiedlich gestaltete Meditations-, Ruhe- und Andachtsräume. Über den Almweg gelangt man auf die Rothsohlalm. Der letzte Tag führt mit einer schönen Almenwanderung und genussvollen Blicken in das Mariazeller Land über den Kreuzberg zur Basilika nach Mariazell.

Wählt man die Variante über Vorau, so führt der Pilgerweg ab Hartberg durch wunderschöne Wälder und kleinstrukturierte Landschaften bergauf Richtung Masenberg, der nordöstlich umgangen wird, zum Tagesziel Vorau mit seinem Augustiner-Chorherrenstift und seiner berühmten Bibliothek. Seit 1163 sind die Augustiner-Chorherren hier beheimatet und bilden ein Zentrum des religiösen Lebens, der Kultur und Bildung. Von Vorau geht es nach Wenigzell, wo die Pilgerfüße im sinnlich-erlebbaren Barfußpark eine willkommene Erholung finden können. Über St. Jakob im Walde, Ratten und St. Kathrein am Hauenstein werden Peter Roseggers Waldheimat und das Alpl erreicht. Am Alpl kommt der Mária Út-Weg wiederum auf den von Graz kommenden Steirischen Mariazeller Weg 06. Dieser führt über den Hochgölk mit der Gölkkapelle bergab ins Mürztal nach Krieglach, zum Wohn- und Sterbehaus des steirischen Heimatdichters Peter Rosegger. Weiter geht es über den Veitschbachtörl und den Schoberstein nach Mürzsteg im Naturpark Mürzer Oberland, wo Kaiser Franz Joseph I. viele Monate verbrachte und sich heute die Sommerresidenz des österreichischen Bundespräsidenten befindet. Von Mürzsteg ist es noch eine letzte Etappe über das Buchalpenkreuz, Schöneben und Mooshuben bis zur *Magna Mater Austriae*.

Hauptroute	Köszeg → Mariazell
Weglänge	etwa 147 km
Höhenlage	238 m bis 1091 m Seehöhe
5 Etappen	Köszeg → Kirchschlag i. d. Buckligen Welt, 33 km, 9,5 h Kirchschlag i. d. Buckligen Welt → Kirchberg am Wechsel, 35,7 km, 10,5 h Kirchberg a. Wechsel → Payerbach a. d. Rax, 20,4 km, 6,5 h Payerbach a. d Rax → Schwarzau im Gebirge, 23,7 km, 7 h Schwarzau im Gebirge → Mariazell, 34,5 km, 11 h
Info	**Wiener Alpen in Niederösterreich Tourismus GmbH** Schlossstraße 1, 2801 Katzelsdorf T: +43 (0)2622 78960, E: info@wieneralpen.at www.wieneralpen.at
Südroute	Hagensdorf → Pöllauberg → Mariazell
Weglänge	etwa 178 km
Höhenlage	195 m bis 1495 m Seehöhe
Höhenmeter	Aufstieg: 5 339 hm; Abstieg: 4 648 hm
6 Etappen	Hagensdorf bei Heiligenbrunn → Güssing → Stegersbach, 37 km Stegersbach → St. Magdalena → Hartberg, 27 km Hartberg → Pöllauberg → Miesenbach/Kreuzwirt, 25 km Miesenbach/ Kreuzwirt → Fischbach → Schanz, 24 km Schanz → Stanglalm → Mitterdorf im Mürztal → Rotsohlalm, 35 km Rotsohlalm → Niederalpl → Herrenboden → Mariazell, 31 km

Variante	Hagensdorf → Vorau → Mariazell
Weglänge	etwa 190 km
Höhenlage	195 m bis 1 535 m Seehöhe
Höhenmeter	Aufstieg 5 363 hm; Abstieg 4 690 hm
7 Etappen	Hagensdorf bei Heiligenbrunn → Güssing → Stegersbach, 37 km Stegersbach → St. Magdalena → Hartberg, 27 km Hartberg → Vorau, 24 km Vorau → Wenigzell → Ratten, 25 km Ratten → Krieglach, 24 km Krieglach → Veitschbachtörl → Mürzsteg, 28 km Mürzsteg → Schöneben → Mariazell, 24 km
Info	www.steiermark.com/pilgern **Oststeiermark Tourismus** St. Johann bei Herberstein 100, 8222 Feistritztal T: +43 (0)3113 20678, E: info@oststeiermark.com www.oststeiermark.com **TRV Hochsteiermark** Wiener Straße 46, 8600 Bruck an der Mur T: +43 (0)3862 55020 E: tourismus@hochsteiermark.at www.hochsteiermark.at

Via Maria

BAYERN • SALZBURG • OBERÖSTERREICH •
NIEDERÖSTERREICH • STEIERMARK

Vom bayerischen Altötting nach Mariazell

Die Via Maria verbindet auf rund 400 Kilometern das bayerische Nationalheiligtum Altötting mit der *Magna Mater Austriae* in Mariazell. Dieser Weg lässt sich in unterschiedlichen Varianten begehen und verbindet unterschiedliche Pilgerwege zur Route der Via Maria. So ist man auf dem Salzburger Mariazellerweg, dem Oberösterreichischen Mariazellerweg, dem Wolfgangweg, dem St. Rupert Pilgerweg und dem Donau-Alpen-Adria-Radpilgerweg unterwegs. Hier wird besonders deutlich, dass alle Pilgerwege ein einzigartiges Netz für das spirituelle Unterwegssein bilden.

Bereits in Altötting gilt es, sich zu entscheiden: Soll der Wolfgangweg nach Burghausen, Mattighofen und über Straßwalchen an den Mondsee genommen werden, oder wird dem St. Rupert Pilgerweg nach Tittmoning, an den Wagingersee und weiter nach Seekirchen bis an den Wolfgangsee der Vorzug gegeben? Von Tittmoning gibt es zudem noch die Möglichkeit, über den Donau-Alpen-Adria-Radweg in die Stadt Salzburg zu kommen, um dort an den Salzburger Mariazellerweg anzuschließen.

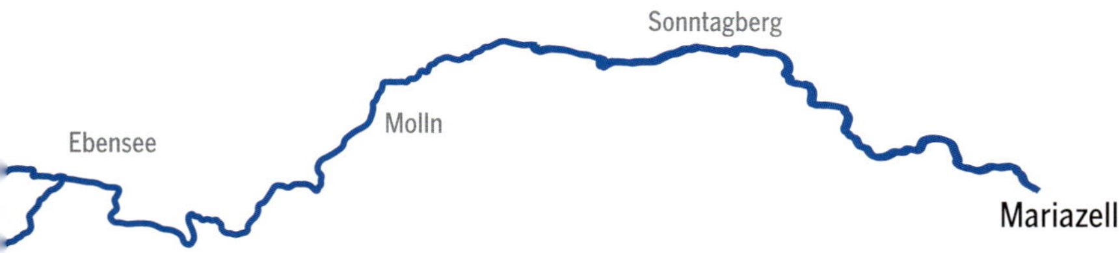

Alle Wegvarianten treffen jedoch in St. Wolfgang am Wolfgangsee zusammen, um von da an am Salzburger Mariazellerweg bis nach Mariazell zu führen. Allerdings: Von St. Wolfgang gibt es noch einmal für geübte Geher eine Alpinvariante über das Höllengebirge nach Ebensee. Vor dort gehen aber nun alle Wege definitiv gemeinsam weiter.

Zu Beginn kann man schon in Altötting einige Zeit verweilen und sich so auf die Pilgerreise einstellen. Wer über den Wolfgangweg in östlicher Richtung nach Burghausen pilgert, hat dort bereits die Gelegenheit für den nächsten Aufenthalt zur Besichtigung der imposanten Burganlage, ehe es weiter nach Mattighofen geht und über Straßwalchen, den Irrsee und den Mondsee an den Wolfgangsee.
Die Route südlich nach Hirten und über Tittmoning führt nach Oberndorf mit der Stille-Nacht-Kapelle und dem Josef-Mohr-Wohnhaus.
In Oberndorf kann man sich nun wiederum entscheiden, am St. Rupert Pilgerweg über Seekirchen, Eugendorf und entlang

des Fuschlsees nach Fuschl zu kommen, oder es wird der Weg über die Stadt Salzburg gewählt, die viele Möglichkeiten für einen kulturell-spirituellen Aufenthalt anbietet. Wird die Stadt mehr oder weniger zügig durchschritten, erreicht man über Faistenau den Ort Fuschl am See und kommt so nach St. Gilgen am Wolfgangsee mit dem Benediktinerkloster Gut Aich. Hier am See bieten der Falkenstein und die Wallfahrtskirche St. Wolfgang mit dem berühmten spätgotischen Pacher-Altar Gelegenheit zur inneren Einkehr.

Ab St. Gilgen stehen nun wieder zwei Möglichkeiten zur Auswahl: Entweder führt die nächste Etappe über die Kaiserstadt Bad Ischl mit ihren vielen historischen Bauten nach Ebensee am Traunsee, oder es wird eine dreitägige Alpinvariante an den Attersee und über das Höllengebirge nach Ebensee genommen. Vom Ufer des Traunsees geht es nun weiter an den Offensee, den Almsee bis Habernau. Landschaftlich schön führt der Weg so an die Ödseen und man gelangt nach Frauenstein und seiner Wallfahrtskirche mit der Schutzmantelmadonna.

Auf großteils ebenen Wegen entlang der Steyr wird Molln erreicht. Hier ist das Nationalparkzentrum Oberösterreichische Kalkalpen einen Besuch wert. Bald ist Ternberg passiert und danach stößt, von Norden kommend, am Willeitenberg der oberösterreichische Mariazellerweg 06 aus Linz zur Via Maria. Die etwa zwölfte Tagesetappe endet bei der Wallfahrtskirche Maria Neustift, und am nächsten Tag geht es über Waidhofen an der Ybbs mit seiner historischen Altstadt weiter nach Ybbsitz. Wer genügend Zeit hat, sollte in Waidhofen unbedingt einen Abstecher zur Wallfahrtskirche auf den Sonntagberg machen und dort Aussicht und Gotteshaus genießen.

Über Lunz am See erreicht man Lackenhof und damit den Naturpark Ötscher-Tormäuer.

Eine letzte Pause kurz vor dem Eintreffen im Wallfahrtsort Mariazell.

Wer die letzte Etappe kürzer halten möchte, um den Tag in Mariazell genießen zu können, geht nun bis Mitterbach, wo er übernachtet, um dann am nächsten Tag gut ausgeruht die letzten sieben Kilometer bis zur Basilika in Mariazell zu pilgern.

Die Begehung der alpinen Etappen ist nur für erfahrene Wanderer zu empfehlen. Für den Gesamtverlauf sind durchschnittlich 16 Etappen vorzusehen, die aber der persönlichen Kondition und dem individuellen Tempo anzupassen sind. Quartiere sind unbedingt vorab zu klären und zu reservieren.

Eine nichtmarkierte Urvariante, das heißt ein alter, traditioneller Wallfahrerweg führt des Weiteren von Altötting durch das Innviertel über Burghausen, Maria Schmolln und Puchheim nach Mariazell. Mit Hilfe von Wallfahrern und Pilgern hat Gabriele Weidinger, eine Pilgerbegleiterin im Netzwerk der Spirituellen WegbegleiterInnen der Diözese Linz, diese Möglichkeit recherchiert und bietet immer wieder auf dieser Route geführte Pilgerwanderungen an. Sie war auch die Namensgeberin der Via Maria.

Strecke	Altötting → Mariazell
Weglänge	etwa 400 km
Höhenlage	388 m bis 1574 m Seehöhe
16 Etappen	Altötting → Hirten, 13 km, 3 h
	Hirten → Tittmoning, 20,5 km, 5 h
	Tittmoning → Waging am See, 28,5 km, 8 h
	Direktroute Tittmoning → Oberndorf, 20 km, 5 h
	Waging am See → Oberndorf, 23 km, 6 h
	Oberndorf → Stadt Salzburg, 20 km, 5 h
	Salzburg → Faistenau, 28 km, 9 h
	Faistenau → St. Wolfgang, 26 km, 8 h

St. Wolfgang → Ebensee, 32 km, 8 h
Ebensee → Habernau im Almtal, 32 km, 9 h
Habernau im Almtal → Frauenstein, 28 km, 8 h
Frauenstein → Ternberg an der Enns, 27 km, 8,5 h
Ternberg an der Enns → Maria Neustift, 31 km, 8,5 h
Maria Neustift → Ybbsitz, 29 km, 8 h
Ybbsitz → Lackenhof, 34 km, 10 h
Lackenhof → Mitterbach, 20 km, 6,5 h
Mitterbach → Mariazell, 7 km, 1,5 h

Alpine Alternativroute von St. Gilgen nach Ebensee über das Höllengebirge:

St. Gilgen → Weißenbach am Attersee, 22 km
Weißenbach am Attersee → Hochleckenhaus, 15 km
Hochleckenhaus → Ebensee, 29 km

Info

www.viamaria.at
Tourismusverband Mariazeller Land
Hauptplatz 13, 8630 Mariazell
T: +43 (0)3882 2366
E: tourismus@mariazell-info.at
www.mariazell-info.at
Mostviertel Tourismus im Töpperschloss Neubruck
Neubruck 2/10, 3283 Scheibbs,
T: +43 (0)7482 204 44, E: office@mostviertel.at
www.mostviertel.at
Oberösterreich Tourismus GmbH
Freistädter Straße 119, 4041 Linz
T: +43 732 7277-100
E: tourismus@oberoesterreich.at
www.oberoesterreich-tourismus.at
Kontakt für die nichtmarkierte Variante Altötting → Mariazell: Frau Gabriele Weidinger
T: +43 (0)680 1122 115, E: gabriele.weg@gmx.at

Via Sacra

WIEN • NIEDERÖSTERREICH

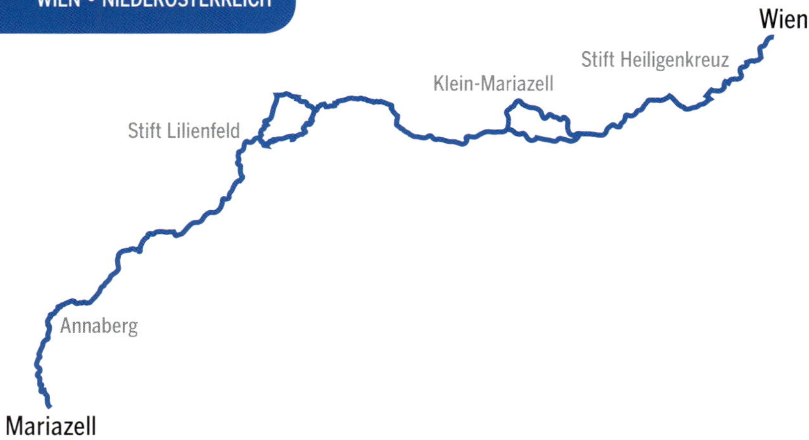

Entlang einer der ältesten Pilgerrouten Österreichs von Wien nach Mariazell

Die von Wien beziehungsweise Brunn am Gebirge nach Mariazell führende Via Sacra gilt neben dem Jakobsweg als traditionsreichster und populärster Pilgerweg Österreichs.
Seit über 800 Jahren pilgern einfache Gläubige, aber auch Fürsten und Kaiser auf der Via Sacra von Wien nach Mariazell, einem der bedeutendsten Wallfahrtsorte Mitteleuropas. Die lange Tradition hat ein reiches Pilger- und Wallfahrererbe hinterlassen und man trifft überall auf die Zeugen der Vergangenheit. Vom südlichen Stadtrand Wiens bei der Spinnerin am Kreuz bis nach Mariazell reihen sich Bildstöcke, Kapellen und kunsthistorisch bedeutsame Kirchen. Spirituelle Stationen sind das Stift Heiligenkreuz, die Basilika Klein-Mariazell, das Stift Lilienfeld sowie die Wallfahrtskirche Annaberg auf dem ersten „Heiligen Berg" des Ötscherlandes.
Der historische Pilgerweg führt auf einer Länge von rund 121 Kilometern von Wien über Kaumberg, Lilienfeld, Türnitz,

Annaberg, Josefsberg und Mitterbach nach Mariazell und ist durchgehend mit gelben Via Sacra-Schildern gekennzeichnet. Entlang des Weges gibt es ein richtiggehendes „Geflecht" an Möglichkeiten, die Via Sacra zu begehen. Welche Variante auch immer gewählt wird: 5 Tage sind einzuplanen.

Der Ausgangspunkt Brunn am Gebirge ist von Wien aus gut mit öffentlichen Verkehrsmitteln zu erreichen. Ein erster Höhepunkt ist das Stift Heiligenkreuz, das weltweit älteste bis heute durchgehend bestehende Zisterzienserkloster der Welt. Die Mönche sind für ihre gregorianischen Choräle berühmt. Um zwölf Uhr mittags kann man beim täglichen Chorgebet zuhören.
Vorbei an Mayerling und der Ruine Arnstein kommt man über Peilstein zur Basilika und Wallfahrtskirche am Hafnerberg. Hier teilt sich der Weg, und eine Talvariante führt über Altenmarkt und entlang der Triesting auf einem Radweg nach Kaumberg. Reizvoll ist auch die Variante von Hafnerberg über das Kloster Klein-Mariazell. Es ist dies eine schöne Höhenwanderung über Wiesen und durch Wälder, vorbei an der liebevoll renovierten

Das Zisterzienserstift Lilienfeld mit seiner Klosteranlage aus dem 13. Jahrhundert.

und revitalisierten Basilika Klein-Mariazell, deren barocke Fresken von Johann Wenzel Bergl einen Besuch wert sind.
Von Kaumberg geht es am nächsten Tag hinauf zur Ruine Araburg, der höchstgelegensten Burg Niederösterreichs. Die nächsten Kilometer über einen Kammweg eröffnen weite Blicke in den Wienerwald und in die Kalkvoralpen. Ist Hainfeld erreicht, geht es entlang der Gölsen nach St. Veit. Dort gibt es wiederum eine Talvariante nach Lilienfeld, oder es wird die durchaus lohnenswerte Bergroute gewählt. Sie führt über das Gehöft Hochreiter, Wiesenbach und Vordereben zum Stift Lilienfeld mit der größten erhaltenen mittelalterlichen Klosteranlage aus dem 13. Jahrhundert. Dort sollte man unbedingt genügend Zeit für eine Stiftsbesichtigung einplanen. Interessierte sind darüber hinaus eingeladen, einige Tage im Stift Lilienfeld zu verbringen – wahrhaft eine Auszeit für die Seele.
Nach Lilienfeld verläuft der Weg auf durchaus ebenen Wald- und Radwegen nach Türnitz. Durch den „Langen Wald“ der Türnitzschlucht mit barocken Kreuzwegstationen und der Kapelle Siebenbrünn führt ein neu angelegter Weg bis zum Fuße des Annabergs, den man schließlich über einen Bergweg erreicht. Ab Türnitz kann man alternativ entlang des niederösterreichischen Wallfahrerweges abseits der Durchgangsstraßen durch anmutige Waldlandschaften zur „Falkenschlucht“ gehen, ein Naturjuwel, das auf Brücken und Stegen gut zu durchqueren ist.
In Annaberg ist nicht nur die Hochebene des Mariazellerlandes erreicht, sondern auch eine Wallfahrtskirche, welche als die erste der hl. Anna geweihte Kirche im deutschsprachigen Raum gilt. Herrliche Ausblicke auf die Bergwelt Niederösterreichs und der Steiermark begleiten auf dem Weg über die „drei heiligen Berge“ Annaberg, Joachimsberg und Josefsberg die letzte Etappe zum Gnadenort Mariazell.
Die Busverbindung durch den „Mariazeller Autobus“ von oder nach Wien ermöglicht es, die Via Sacra in Teilstrecken zu begehen. So gibt es auf der traditionsreichen Route ein umfangreiches

Angebot an Einkehr- und Übernachtungsmöglichkeiten. Die zertifizierten Via Sacra-Gastgeber sind die besten Adressen zum Einkehren und Übernachten. Eine vorherige Reservierung empfiehlt sich vor allem in der Hauptpilgersaison April bis Juni und August bis September. Fast ganzjährig wird dazu ein umfangreiches Programm an geführten Wanderungen von Mostviertel Tourismus angeboten.

Darüber hinaus eignet sich die Via Sacra in besonderer Weise auch für Familien und das Unterwegssein mit Kindern. Selbstverständlich müssen Wegstrecken und das Tempo dem jeweiligen Alter angepasst sein. Doch gibt es zahlreiche attraktive Zwischenstationen und Ziele, die Kinderherzen höher schlagen lassen: die mystische Seegrotte Hinterbrühl oder der flotte Eibl-Jet in Türnitz – um nur zwei zu nennen. Nähere Informationen dazu finden sich auf der Homepage der Via Sacra.

Strecke	Wien/Brunn a. G. → Mariazell über Lilienfeld und Annaberg
Weglänge	etwa 121 km
Höhenlage	218 m bis 1 016 m Seehöhe
Höhenmeter	Aufstieg: 3 770 hm, Abstieg: 3 105 hm
5 Etappen	Brunn am Gebirge → Heiligenkreuz, 17,8 km, 6 h Heiligenkreuz → Kaumberg, 22,1 km, 8 h Kaumberg → Hochreiter → Lilienfeld, 32,6 km, 12 h Lilienfeld → Türnitz → Annaberg, 29,2 km, 9,5 h Annaberg → Josefsberg → Mariazell, 19 km, 7,5 h
Info	www.viasacra.at **Mostviertel Tourismus** im Töpperschloss Neubruck Neubruck 2/10, 3283 Scheibbs T: +43 (0)7482 204 44, E: info@viasacra.at www.mostviertel.at

Wiener Wallfahrerweg

WIEN • NIEDERÖSTERREICH • STEIERMARK

Die jüngere und anspruchsvollere Alternative zur Via Sacra

Als Alternative zur altehrwürdigen Via Sacra entstand 1975 der „Wiener Wallfahrerweg 06“ mit den so bezeichneten, gelben Wegweisern. Er ist sozusagen der jüngere, sportlichere, alpinere Bruder des geschichtsträchtigen Weges und führt die Pilger von der Pfarrkirche Perchtoldsdorf und Wien-Rodaun (Einstieg direkt an der Endhaltestelle der Linie 60) aus der Bundeshauptstadt nach Mariazell.

Bis Kaumberg verläuft er nahe des historischen Pilgerweges. Danach allerdings zweigt er in den alpineren Süden ab und leitet Weitwanderer und Wallfahrer durch urtümliche Wald- und Wiesengebiete über die ersten höheren Berge des Alpenvorlandes wie Kieneck (1 106 m) und Unterberg (1 170 m) nach Rohr

Blick auf den imposanten Wehrturm von Perchtoldsdorf.

ZONE

im Gebirge und über St. Aegyd am Neuwalde zum Gnadenort. Leichte Wanderwege führen am Anfang durch den Wienerwald. Die Touristensteige in den Voralpen können dagegen recht anspruchsvoll sein. Varianten zur alpinen Hauptroute (also über Kaumberg und Kieneck) gibt es zwischen Maria Raisenmarkt und dem Unterberg. In Peilstein zweigt man südlich nach Neuhaus ab und der Wiener Wallfahrerweg führt über Weißenbach Richtung Furth, wo sich im kleinen Ort Schromenau die Wege wiederum splitten: Der alpinere Weg führt über das Kieneck nach Unterberg oder aber man geht über den Steinwandgraben und die Steinwandklamm.

Mariazell: das am meisten besuchte Wallfahrts- und Pilgerziel Österreichs.

Diese Routen bergen landschaftliche Höhepunkte und vermeiden den anstrengenden Aufstieg zwischen Araburg und Kieneck. Ein wunderbarer Abschnitt ist nach Rohr im Gebirge zwischen der Kalten Kuchl und St. Aegyd am Neuwalde: Durch Wälder und stille Wiesentäler geht man stundenlang ohne ein Zeichen menschlicher Besiedelung. Aber auch danach wartet noch so manches Naturjuwel. Es geht zuerst allerdings über ein Straßenstück über Gscheid hinauf Richtung Krumbachsattel, ehe man davor noch auf eine Forststraße abzweigt und ins Walstertal mit dem Hubertussee und der Bruder-Klaus-Kirche kommt. Von hier ist es nun nicht mehr weit und über den Sebastianiweg wird Mariazell erreicht.

Strecke	Wien/Perchtoldsdorf → Mariazell
Weglänge	etwa 116 km
Höhenlage	262 m bis 1184 m Seehöhe
Höhenmeter	Aufstieg: 4314 hm, Abstieg: 3708 hm
5 Etappen	Perchtoldsdorf → Wildegg → Mayerling, 17,9 km, 7,5 h Mayerling → Hafnerberg → Klein-Mariazell → Kaumberg, 24,9 km, 9 h Kaumberg → Kieneck → Rohr im Gebirge, 24,9 km, 11 h Rohr im Gebirge → Hochreit → St. Aegyd am Neuwalde, 20,6 km, 7,5 h St. Aegyd am Neuwalde → Mariazell, 27,1 km, 10 h
Info	www.viasacra.at **Mostviertel Tourismus** im Töpperschloss Neubruck Neubruck 2/10, 3283 Scheibbs T: +43 (0)7482 204 44, E: info@viasacra.at www.mostviertel.at

Marienpilgerweg in Kärnten

KÄRNTEN

Unterwegs mit Maria von Basilika zu Basilika

Der Marienpilgerweg Kärnten verdankt seine Entstehung der privaten Initiative eines Marien-Freundeskreises. Mit der Gründung des Vereins „Marienpilgerweg“ wurde 2010 der Grundstein für die Realisierung gelegt.

Der Weg geht aus von Maria Rojach beziehungsweise der Basilika von St. Andrä im Osten Kärntens und führt zur Basilika Maria Luggau im Lesachtal an der Grenze zu Osttirol. Auf einer Strecke von rund 270 Kilometern verbindet er in zehn Tagesetappen mehr als vierzehn Marienkirchen und Marienwallfahrtsorte, darunter so berühmte wie Maria Saal, Maria Wörth und Maria Gail, aber auch kleinere, verborgene wie Maria Siebenbrünn in Radendorf, Göriach oder Maria im Graben.
Während die ersten Etappen über die Saualm in Mittelkärnten durch etliche Höhenmeter geprägt sind, verläuft die zweite Hälfte entlang von Wörther und Faaker See sowie dem Gailtal eher flach, ehe die Pilger im Lesachtal nochmals eine knackige Schlussetappe erwartet.

Im Lavanttal, das gerne als „Paradies Kärntens“ bezeichnet wird, beginnt der Weg bei der Pfarrkirche von Maria Rojach. Man

wandert flach durch Felder und Äcker dem ersten großen Ziel, der noch „jungen“ Basilika Maria Loreto in St. Andrä entgegen, deren Gnadenkapelle, eine Nachbildung des berühmten Loreto-Hauses in Italien mit dem Bild der Schwarzen Madonna, untertags immer geöffnet ist. Erst 2014 erhielt die zwischen 1683 und 1687 erbaute Kirche als zweite in Kärnten den Titel einer *Basilica minor*.

Der weitere Weg führt hinauf die Saualpe. Über Pölling, wo sich vor der Kirche ein idealer Platz zum Rasten anbietet, geht es nach Lamm und von dort bergauf in den ehemaligen Bergbauort St. Leonhard an der Saualpe, wo sich in der 300 bis 400 Jahre alten Mesnerkeusche ein kleines, aber feines Pilgerquartier befindet.

Weiter geht es über den Sonnenort Diex bis nach Hochfeistritz mit seiner berühmten Marienwallfahrtskirche zu „Unserer Lieben Frau in der F(e)ichten“. Der Weg verläuft abwechselnd über Wald- und Schotterwege, man lernt die reizvolle Landschaft der Saualpe kennen und kann im Gehen Seele, Geist und Körper sorglos Sonne, Wind und Wetter anvertrauen.

Von Hochfeistritz geht es über Brückl auf den Christofberg, der für seinen fantastischen Panoramablick über das Kärntner

Blick vom Christofberg in Richtung Karawanken und Klagenfurter Becken.

Unterland bekannt ist. Es folgt der Abstieg ins Tal, der weitere Weg verläuft anschließend völlig eben bis nach Maria Saal mit der imposanten Wallfahrtskirche Mariä Himmelfahrt, auch „Maria Saaler Dom" genannt. Sie wurde als erster mittelalterlicher Bischofssitz von dem aus Salzburg gesandten Chorbischof Modestus – sein Grab befindet sich in der Marienkirche – bereits im 8. Jahrhundert gegründet. Umgeben ist sie von einer mächtigen Wehranlage. Die gotische Lichtsäule aus dem Jahr 1497 im Hof zählt zu den schönsten in Kärnten. Die Etappe erfüllt alle Pilgerwünsche: Stundenlanges Gehen auf weichen Böden durch schattigen Buchenmischwald, eine nur vom Gezwitscher der Vögel und dem Rauschen der Blätter im Wind unterbrochene Stille. Und als Höhepunkt des Tages in Maria Saal ankommen dürfen und eintauchen in die sakrale Wirkung des eindrucksvollen Kirchenraumes mit seinen wertvollen Kunstwerken: der gotischen Gnadenstatue der Muttergottes am Hochaltar und dem berühmten Arndorfer Altar im Seitenschiff. Am nächsten Tag führt der Weg nach Klagenfurt, entlang des Lendkanals hinaus zum Wörthersee und am Wörtherseerundwanderweg entlang durch den Wald bis ins malerische, auf einer Halbinsel gelegene Maria Wörth, das gleich zwei bedeutende Kirchen, die Pfarrkirche Mariä Himmelfahrt und die Rosenkranz- oder Winterkirche aufzuweisen hat. Erstere wurde im 9. Jahrhundert durch den Bischof von Freising gegründet und ist ein spätgotischer Bau mit einem romanischen Eingangsportal und einem bemerkenswerten spätgotischen Gewölbe. Die Winterkirche heißt so, weil die Jahrestage der Heiligen, die in ihr verehrt wurden, in den Winter fielen.

Über den historisch bedeutsamen Magdalensberg kommt man nach Maria Saal.

In den frühen Morgenstunden hängt meist noch blasser Dunst über dem See, wenn die Pilger von hier aufbrechen, um nach Maria Gail zu wandern, einem jahrhundertealten Wallfahrtsort mit starker spiritueller Ausstrahlung. Die Kirche südlich der Drau stand lange unter dem Einfluss des Patriachats von Aquileia und gilt als Mutterkirche vieler Pfarren im Gailtal.
Nun setzt sich der Pilgerweg nach Westen fort. Den Perlen einer Kette gleich, reiht sich eine Marienkirche an die nächste, bis man schließlich den Gailtaler Dom, die Pfarrkirche „Unsere Liebe Frau" in Kötschach erreicht. Idyllische Plätze, sprudelnde Quellen und Brünnlein laden unterwegs immer wieder zum Verweilen ein.
Nach neun Tagen in Kötschach eingetroffen, weiß man längst, dass man jede Etappe langsam beginnen muss. Und so macht man sich von hier zum letzten Mal auf den Weg, der bis zur Ortschaft Wiesen ausschließlich entlang der Straße verläuft. Das Lesachtal, wie der oberste Abschnitt des Gailtales bezeichnet wird, zeigt sich in seiner ganzen Pracht. Und so gibt es zwischendurch nichts Schöneres, als innezuhalten und zu schauen, wie die Berge, mit ihren vom Wetter zerfurchten Wänden, Kanten und Abbrüchen dem Himmel entgegenstreben, unterbrochen von dem leuchtenden Grün der Wiesen mit ihren verstreuten Gehöften und Kirchen sowie den zahlreich zu Tal stürzenden Wildbächen. Als Höhepunkt und Abschluss des Tages öffnet sich der Blick auf Maria Luggau: Hier in der Wallfahrtkirche Maria Schnee nach einem letzten steilen Anstieg ankommen zu dürfen macht den Weg erst ganz. Sie ist seit 1986 *Basilica minor* und seit Jahrhunderten Ziel vieler Wallfahrer. Der Kirche angeschlossen ist das Kloster der Serviten und ein Gästehaus.

Strecke	Maria Rojach/St. Andrä i. L. → Maria Luggau
Weglänge	etwa 267 km
Höhenlage	402 m bis 1530 m Seehöhe
Höhenmeter	Aufstieg: 6 806 hm, Abstieg: 6 450 hm
10 Etappen	Maria Rojach → Lamm, 23,3 km, 7 h Lamm → Diex, 31,3 km, 9,5 h Diex → Brückl, 15,4 km, 4 h Brückl → Maria Saal, 27,8 km, 8 h Maria Saal → Maria Wörth, 28,5 km, 7,5 h Maria Wörth → Maria Gail, 27,9 km, 7,5 h Maria Gail → Feistritz an der Gail, 32,3 km, 8,5 h Feistritz an der Gail → Watschig, 28,6 km, 7,5 h *Variante Feistritz → Watschig via Pressegger See, 34,5 km, 9 h* Watschig → Kötschach-Mauthen, 29 km, 7,5 h Kötschach-Mauthen → Maria Luggau, 27,4 km, 8 h
Info	www.pilgerwege-kaernten.at **ARGE Pilgern in Kärnten** Tarviser Straße 30, 9020 Klagenfurt am Wörthersee T: +43 (0)463 5877 2115, E: info@pilgerwege-kaernten.at **Marienpilgerweg e.V.** Obmann Werner Lexer Strajach 11, 9651 St. Jakob/Lesachtal T: +43 (0)664 28 30 282, E: info@marienpilgerweg.at

Pinzgauer Marienweg

SALZBURG

Spirituelle Entdeckungsreise durch den Pinzgau

Vielfältige Gebirgslandschaften und Klammen, bäuerliche Kultur, alte Pilgerwege und Wallfahrtsorte zu erspüren – dazu lädt der Pinzgauer Marienweg ein. Er ist 2012 entstanden und ein Projekt des Geistlichen Zentrums Embach und seiner Partner.

In vier Varianten erschließt der Marienweg auf 230 Kilometern den Pinzgau im Land Salzburg. Vorgaben zu Tagesetappen werden von den Initiatoren bewusst keine gemacht: Jeder möge in seinem Tempo den Weg gehen, die Zeit zum Verweilen benötigen, die er braucht – konfrontiert die äußere Reise den Pilger oder die Pilgerin doch mit vielen kulturellen und religiösen

Eindrücken. Unterwegs ist man hier auf jahrhundertealten Wallfahrerwegen, die gestern wie heute begangen werden.

Der „klassische“ Weg mit einer Länge von 135 Kilometern führt von der ehemaligen Bergbaugemeinde Jochbergwald und ihrer Wallfahrtskapelle Mariä Heimsuchung über den Pass Thurn, mit herrlichem Blick auf die Hohen Tauern, nach Mittersill und Stuhlfelden mit der Kirche „Maria am Stein“.
Durchwandert wird danach das weite Salzachtal des Oberpinzgaus mit seiner traditionellen Almenlandschaft bis zur Burg Kaprun im Zeller Becken. Dort geht es weiter nach Bruck zur Wallfahrtskirche Mariä Himmelfahrt mit dem Gnadenbild „Maria auf dem Eis“. Durch die Enge des Unterpinzgaus, geprägt von der Bergbauernkultur, und durch die Kitzlochklamm führt der Weg nach Maria Elend auf das Sonnenplateau des Pinzgaus, um in Embach, am dritten Gnadenort von Maria Elend, anzukommen. Achtung: Die Kitzlochklamm ist von Mitte Mai bis Ende September begehbar, sonst geht der Weg über die ausgeschilderte Strecke Embachrain nach Embach.
Auf der Sonnenseite des Dientner Grabens geht es nach Dienten, mit herrlichem Blick auf den imposanten Hochkönig. Über den Filzensattel – hier kann Anfang Mai noch Schnee liegen – vorbei an den Flanken des Hochkönigs und des Steinernen Meeres führt der Weg über den Jufen hinunter ins Saalfeldener Becken zur Wallfahrtskirche von Maria Alm und ihrem gewaltigen gotischen Spitzturm.
Vorbei an der Einsiedelei bei Saalfelden geht es weiter ins Saalachtal und über Weißbach bei Lofer und St. Martin zum Ziel des Pilgerweges, dem über die Grenzen hinaus bekannten „Pinzgauer Dom“ von Maria Kirchental. Er ist die bedeutendste Wallfahrtskirche des Pinzgaus und besitzt die größte Votivtafelsammlung Österreichs.
Für die längste Variante des Pinzgauer Marienweges sind etwa sechs Tage einzuplanen.

Kapelle am Jufen: ein Rastplatz für die Seele.

Eine zweite, sportlichere Wegvariante mit dem Namen „der Anspruchsvolle" führt in etwa 46 Kilometern ausgehend von Saalfelden nach Maria Kirchental. Zuerst kommt man entlang der Leoganger Ache nach Leogang. Im Ortsteil Hütten bietet das Bergbaumuseum einen guten Überblick über die fast 3 500 Jahre alte Tradition des Bergbaus an diesem Ort. Danach geht es weiter nach Hütten und Hochfilzen an der Grenze zwischen Salzburg und Tirol. Vom Zentrum des bekannten Langlauf- und Biathlonortes Hochfilzen geht es leicht aufsteigend zum Truppenübungsplatz. Hier – wie auch für die „Über Berg und Tal"-Route – ist es wichtig, sich beim Sicherheitsoffizier über etwaige Schießübungen zu erkundigen, siehe Kontakt auf der Homepage beziehungsweise in der Wegbroschüre zum Pinzgauer

Marienweg. Dem Schüttbachgraben folgend führt der Weg auf den Römersattel. Nach einem steilen Abstieg gelangt man zur romantischen Vorderkaserklamm und wieder ins Saalachtal, wo der Weg zwischen Weißbach und St. Martin auf den „Klassischen Weg“ trifft und den Pilger nach Maria Kirchental bringt.

Für den bergerfahrenen Pilger gedacht ist die dritte Route „Über Berg und Tal“. Von Stuhlfelden erfolgt der Aufstieg zur Murnauer Scharte. Danach geht es wieder abwärts über Almwege und vorbei an mehreren Almen nach Lengau. Entlang der Saalach wird über Hinterglemm Saalbach erreicht. Taleinwärts folgt man dem Spielbergbach zum Spielberghaus und weiter ins Tiroler Land und nach Hochfilzen. Gemeinsam mit dem „Anspruchsvollen“ geht es über den Römersattel und die Vorderkaserklamm nach Maria Kirchental.

Am Sonnenplateau des Pinzgaus: die Wallfahrtskirche von Maria Elend in Embach.

Die Weglänge beträgt rund 64 Kilometer und es sind etwa 2 400 Höhenmeter im Anstieg zu bewältigen. Begehbar ist diese Route zudem nur von Juni bis September. Bergerfahrung, Trittsicherheit und Schwindelfreiheit sind Voraussetzung.
Wer nicht zu viel Auf- und Abstiegskilometer machen will, wählt schließlich den stimmungsvollen Pilgerweg „Am See", die vierte Variante. Er beginnt in Bruck, führt zuerst über Schüttdorf und dann entlang des Promenadenweges nach Zell am See, der Bezirkshauptstadt des Pinzgaus, die bereits 743 urkundlich erwähnt wurde. Vorbei an der Schiffsanlegestelle, an der auch ein Einstieg in den Weg möglich ist, folgt man dem Seeuferweg. So gelangt man, vorbei an Schloss Prielau, zur Pfarrkirche Mariä Geburt in Maishofen. Von dort geht es weiter ins stimmungsvolle Gerling und nach Almdorf mit seinem wunderbaren Ensemble an alten Bauernhäusern. Am Rücken des Schattbergs kommt man dann nach Maria Alm und zur klassischen Route. Diese Variante ist mit 24 Kilometern etwas für den gemächlichen Geher.

Es lohnt sich, auf dem Pinzgauer Marienweg an einigen besonderen spirituellen Orten zu verweilen, wie dem Geistlichen Zentrum in Embach, der Friedenskapelle in Maria Alm, der Einsiedelei und der Rosenkranzkapelle in Saalfelden. Genauso empfiehlt es sich, an einer der vielen Wallfahrtsstätten Zeit für Stille und Besinnung einzuplanen. Aber auch viele kulturelle Schmankerl, wie das Nationalparkzentrum in Mittersill, das Keltendorf in Uttendorf oder das Bergbau- und Gotikmuseum in Leogang sind einen längeren Aufenthalt wert. Schließlich gibt es noch die Möglichkeit, den einen oder anderen Abstecher zu machen, wie etwa zum Naturschauspiel der „Triefen" an der Urslau, einem regenartigen Wasserfall bei Hinterthal.

Weglänge insgesamt 230 km, 4 Varianten
Höhenlage 633 m bis 1959 m Seehöhe

Klassischer Weg, 135 km

6 Etappen
Jochbergwald → Uttendorf, 21,4 km
Uttendorf → Kaprun, 21,4 km
Kaprun → Embach, 29 km
Embach → Dienten, 10,7 km
Dienten → Saalfelden, 19,4 km
Saalfelden → Maria Kirchental, 33,1 km

Anspruchsvoller Weg, 46,3 km

3 Etappen
Saalfelden → Leogang, 12 km
Leogang → Hochfilzen, 13,8 km
Hochfilzen → Römersattel → Maria Kirchental, 20,5 km

Über Berg und Tal, 63,5 km

3 Etappen
Stuhlfelden → Saalbach, 30,7 km
Saalbach → Hochfilzen, 12,3 km
Hochfilzen → Römersattel → Maria Kirchental, 20,5 km

Am See, 24 km

Etappe
Bruck an der Glocknerstraße → Maishofen → Maria Alm, 24 km

Info
www.pinzgauer-marienweg.at
Geistliches Zentrum Embach
Embach 7, 5651 Lend
T: +43 (0)6543 7218, E: info@geistliches-zentrum.at

JAKOBSWEGE

Die österreichischen Jakobswege nach Santiago de Compostela

Ein einzigartiges Pilgerwegenetz

Zu den populärsten Pilgerzielen der letzten Jahrzehnte zählt Santiago de Compostela. Ein fast unüberschaubares Netz an Pilgerwegen durchzieht heute ganz Europa, darunter auch Österreich, und findet sein Ziel am Grab des Apostels Jakobus.

Jakobus der Ältere zählte zum engeren Jüngerkreis Jesu. Er war Zeuge der Verklärung Jesu und auch seines Gebets am Ölberg. Um das Jahr 43/44 wurde er unter König Herodes Agrippa I. hingerichtet und ist damit der erste Märtyrer unter den Aposteln. Eine Überlieferung erzählt, dass er am Sinai im heutigen Katharinenkloster beigesetzt worden sei. Zum Schutz vor der islamischen Expansion habe man seine Gebeine später in ein Boot gelegt und dieses sei bis nach Spanien gelangt. Eine andere Legende wiederum berichtet, er habe in Spanien missioniert und sei auch dort verstorben und begraben worden.

Seine Grabstätte wurde vergessen, bis Anfang des 9. Jahrhunderts ein Eremit durch ein starkes Leuchten darauf aufmerksam wurde. Bald danach wurde mit dem Bau einer ersten Kirche begonnen. Aus dem Ort entwickelte sich Santiago de Compostela – übersetzt „der heilige Jakobus vom Sternenfeld“. Die Herrscher Asturiens machten Jakobus zu ihrem Schutzheiligen und so wurde er alsbald zum Fürsprecher in Gefahr und im

Kampf gegen die Feinde des Christentums, aber auch bei den Machtkämpfen der Herrscherhäuser selbst – eine nicht immer rühmliche Geschichte.

In den 1980er- und 1990er-Jahren wurden die Pilgerwege nach Santigo wieder neu entdeckt. Es setzte ein regelrechter Pilgerboom ein, der bis heute anhält. 1987 erklärte der Europarat die Jakobswege in Europa zur Europäischen Kulturroute, und seit 1993 zählt der *Camino* zum UNESCO-Weltkulturerbe.

Die österreichische Hauptroute führt von Wolfsthal im Osten entlang der Donau nach Salzburg und dem Inn entlang über den Arlberg bis nach Feldkirch im Westen. Eine südlichere Route verläuft von Slowenien kommend über Kärnten, Osttirol sowie das Pustertal und den Brenner nach Innsbruck, wo sie auf die nördlichere Hauptroute trifft.
Zudem gibt es eine ganze Reihe von europäischen Jakobswegen, welche aus Deutschland, Tschechien, der Slowakei, Ungarn und Italien auf diese Wege treffen.
Hinzu kamen in letzten Jahren auch einige regionale Jakobswege, die das Jakobswegenetz verdichten, wie zum Beispiel der Weinviertler Jakobsweg oder der Jakobsweg Weststeiermark.

Jakobsweg Burgenland

BURGENLAND • NIEDERÖSTERREICH

Spirituelle Pfade durch die UNESCO-Welterbe-Region Neusiedlersee

Der 72 Kilometer lange Jakobsweg Burgenland führt ausgehend von Pamhagen zur Basilika Frauenkirchen und weiter über Neusiedl am See und Bruck an der Leitha in den kleinen niederösterreichischen Wallfahrtsort Maria Ellend. Dort schließt die burgenländische Strecke dann an den internationalen Jakobsweg an. Allzu viele Höhenmeter müssen Pilger im Burgenland nicht bewältigen, es gibt nur wenige leichte Steigungen. Dennoch ist der Weg sehr idyllisch und man hat immer wieder einen wunderbaren Panoramablick über den Seewinkel oder zum Neusiedlersee.

Die Basilika „Maria auf der Heide" in Frauenkirchen ist für viele Pilger ein beliebter Ausgangspunkt des burgenländischen Jakobsweges. Die Einheit von Bauwerk und Ausstattung machen den barocken Kirchenraum zu einem der schönsten des Burgenlandes und so zu einem idealen Ort des Aufbruchs.
Einige Jakobsweg-Zubringer aus Ungarn und dem westlichen Seeufer führen allerdings bereits zuvor nach Frauenkirchen. So kann eine erste Etappe an der Grenze in Pamhagen begonnen werden und man gelangt über St. Andrä am Zicksee nach Frauenkirchen.
Mit Schiffen gelangen auch zahlreiche Pilger vom gegenüberliegenden Westufer des Neusiedlersees vom ungarischen Ort Fertörákos/Kroisbach oder aus Mörbisch über den Neusiedlersee nach Illmitz, um von hier durch den einzigartigen Nationalpark Neusiedlersee-Seewinkel durch herrlichste Landstriche ebenfalls nach Frauenkirchen zu gelangen.

Die zweite oder gegebenenfalls erste Etappe führt von Frauenkirchen zuerst nach Halbturn. Dort knüpft ein wichtiger Zubringer des ungarischen Jakobsweges an den burgenländischen an. So kommt der Pilgerweg aus Ungarn über die Jakobskirche in Lébény, einem bekannten Pilgerzentrum für ungarische Jakobspilger, und führt durch den Nationalpark Hanság/Waasen über Mosonszolnok/Zanegg und Albertkázmérpuszta nach Halbturn und so zum burgenländischen Jakobsweg.

Das Barockschloss Halbturn, der bedeutendste Barockbau des Burgenlandes, diente bereits Maria Theresia als Jagdschloss und ist ein echtes Juwel mit einer regen Ausstellungstätigkeit. Von Halbturn geht es vorbei an Mönchhof zum Kloster Marienkron, bekannt für seine Abtei der Zisterzienserinnen und dem angeschlossenen Kneipp-Kurhaus. Ein Ort, der sich durchaus auch für einen längeren Aufenthalt anbietet. Wenige Kilometer weiter erreicht man Gols, den größten Weinort Österreichs mit einer

Stelzenläufer am Neusiedlersee.

Vielzahl an auch international erfolgreichen Winzern. Es ist eine der größten evangelischen Gemeinden Österreichs. Dort steht aber auch eine Jakobuskirche, die es wert ist, kurz innezuhalten.

Über Weiden am See gelangt man nach Neusiedl am See. Hier könnte die erste oder, je nach Ausgangspunkt, die zweite Etappe enden. Der Kalvarienberg und seine Kreuzweganlage, die erst vor einigen Jahren liebevoll und umfassend generalsaniert wurde, bietet dem Pilger einen einzigartigen Panoramablick über die Stadt, den Neusiedlersee und den Seewinkel, bei guter Fernsicht sogar bis zum Schneeberg. Dieser wunderschöne Platz lädt auch zu einer wohlverdienten Rast bei der Jakobsstatue im schattigen Park ein.

Der Jakobsweg führt nun von Neusiedl am See Richtung Norden und geht auf dem Radweg weiter nach Parndorf. Auf dem

Weg zur Landesgrenze nach Niederösterreich begegnet die liebevoll restaurierte Vituskapelle, die von Idealisten und Freunden des Jakobsweges in unzähligen Arbeitsstunden restauriert wurde. Vorbei am Areal des Truppenübungsplatzes Bruckneudorf gelangt man zur Stadtpfarrkirche in Bruck an der Leitha in Niederösterreich mit seinem liebevoll gestalteten Marktplatz.

Der letzte Abschnitt des Jakobsweges Burgenland führt durch das Weinbaugebiet Carnuntum, das seit vielen Jahren Weine von höchster Qualität hervorbringt. Nach der Kellergasse in Göttlesbrunn geht es durch den Arbesthalerwald, der dem Pilger willkommenen Schatten spendet. Die im Wald errichtete Hubertuskapelle, das Christkönigsdenkmal und die nachgebaute Lourdesgrotte in Maria Ellend bieten eine gute Möglichkeit zur Andacht. Hier endet der Jakobsweg Burgenland und mündet in den österreichischen Hauptweg beziehungsweise in den internationalen Jakobsweg Richtung Wien.

Strecke	Pamhagen → Maria Ellend
Weglänge	etwa 72 km
Höhenlage	118 m bis 268 m Seehöhe
Höhenmeter	Aufstieg 505 hm, Abstieg 566 hm
3 Etappen	Pamhagen → Frauenkirchen, 16,5 km, 4 h
	Frauenkirchen → Neusiedl am See, 26 km, 6,5 h
	Neusiedl am See → Maria Ellend, 29,5 km, 8 h
Info	www.jakobsweg-burgenland.at
	www.jakobswege-a.eu
	Jakobsweg Burgenland
	Franz Renghofer, E: franz@renghofer.com

Jakobsweg Wien

WIEN • NIEDERÖSTERREICH

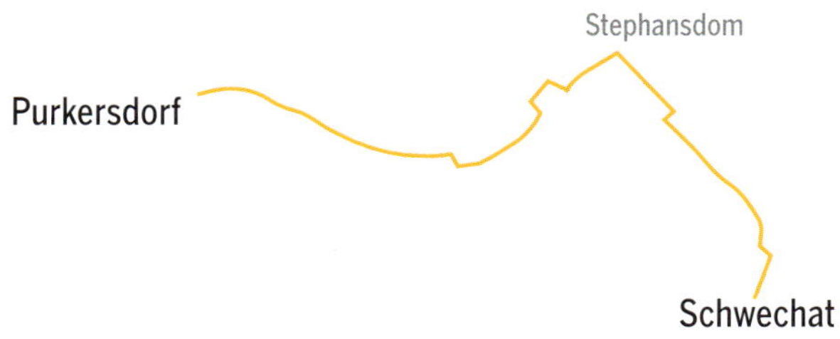

Pilgern durch die Bundeshauptstadt

Eine Besonderheit unter den österreichischen Pilgerwegen stellt ohne Zweifel der Jakobsweg Wien dar, verläuft er doch weitgehend auf Asphaltstrecken durch die Bundeshauptstadt Wien, überreich ausgestattet mit kulturellen Höhepunkten. Es ist auf jeden Fall empfehlenswert, einen Stadtführer mitzunehmen, damit alle kulturell-spirituellen Sehenswürdigkeiten erfasst werden können.

Der Jakobsweg Wien beginnt bei Schwechat im Anschluss an den von Wolfsthal herkommenden Hauptweg und führt auf einer Gesamtstrecke von rund 36 Kilometern bis in den Westen Wiens, wo er bei der Jakobskirche Purkersdorf in den nächsten Abschnitt, den niederösterreichischen Jakobsweg von Purkersdorf nach Göttweig mündet.

Der offizielle Beginn ist bei der Brücke „Auf der Ried", wo der Weg an den Jakobsweg Römerland-Carnuntum anknüpft. Ein alternativer Ausgangspunkt ist die Jakobskirche in Schwechat, von dort geht es entlang der Schwechat zur Brücke „Auf der Ried". Vorbei an Getreidesilos führt die Strecke durch den Alberner Hafen hin zum Donaukanal und über das Kraftwerk Freudenau. Ist die Donau überquert und die Donauinsel erreicht, folgt der Weg der Neuen Donau. Sie lädt ein, die Füße zu kühlen oder ein kurzes Bad zu nehmen. Beim nächsten Übergang über die Neue Donau eröffnet sich ein herrlicher Blick auf die imposante Skyline der sogenannten Donau City mit dem UNO-Gebäude und den neuen Bürotürmen. Vorbei am Pilgerdenkmal des hl. Kolomann führt der Weg nun am Ufer der Alten Donau entlang zur Herz-Jesu-Kirche in Kaisermühlen, wo die erste Etappe endet.

Von der Basilika in Kaisermühlen geht es auf der zweiten Etappe weiter über die Reichsbrücke. Ein markanter Punkt ist die Pfarrkirche Franz von Assisi, auch Mexikokirche genannt. Vorbei am Prater und durch die Praterstraße nähert man sich der Innenstadt. Ist der Donaukanal erreicht, wird der Jakobsweg bei der Marienbrücke überquert und kommt über den Schwedenplatz und die Rotenturmstraße zum Stephansdom, dem kulturellen und spirituellen Höhepunkt des Wiener Jakobsweges. Hier kann der zweite Tag gut ausklingen.

Nach ausgedehntem Verweilen wird der Stephansplatz über den Graben und den Kohlmarkt verlassen. Anschließend gelangt man zur Michaelerkirche der Salvatorianer, deren Katakomben einen Besuch wert sind. Von 1631 bis 1784 fanden hier rund 4000 Personen ihre letzte Ruhestätte. Durch das Michaelertor und das Innere der Hofburg geht es weiter zum Heldenplatz, es wird die Ringstraße überquert und entlang der Mariahilfer Straße setzt sich der Weg stadtauswärts zum Westbahnhof fort. Vorbei am Technischen Museum führen die Schritte in die Schönbrunner Schlossstraße, wo bereits das Schloss Schönbrunn zu sehen ist. Es lohnt sich, einen Abstecher auf die Hohe

Gloriette zu machen, gibt es doch dort nochmals einen wunderbaren Ausblick auf die Stadt. Bei entsprechendem Zeitbudget kann hier die dritte Etappe beendet werden.
Entlang der Schlossmauer führt der Jakobsweg am nächsten Tag über die Hietzinger Hauptstraße in die Auhofstraße hin zur Wientalstraße, um dann, mehr oder weniger, dem Wienfluss aufwärts bis zur Jakobskirche Purkersdorf zu folgen. Dort mündet der Jakobsweg Wien in den Jakobsweg Purkersdorf – Göttweig.

Wer auf diesem Abschnitt des österreichischen Jakobsweges Übernachtungsmöglichkeiten sucht, braucht sich keine Sorgen zu machen: Es gibt eine Vielzahl an Gelegenheiten. Dennoch ist eine Auswahl an pilgerfreundlichen Unterkünften in Arbeit und demnächst auf der Homepage abrufbar. Natürlich ist es auch möglich, die Stadt an einem Tag zu durchqueren. Es ist immer die Frage, mit welchen Motiven der Weg begangen wird: Je nachdem, wird mehr oder weniger Zeit zum Verweilen einzuplanen sein. Dies gilt gerade für dieses Teilstück des österreichischen Jakobsweges.

Strecke	Schwechat → Purkersdorf
Weglänge	etwa 36 km
Höhenlage	163 m bis 248 m Seehöhe
Höhenmeter	Anstieg: 97 hm, Abstieg: 10 hm
Etappen	1 bis 3
Info	www.jakobsweg-wien.at **Verein Jakobsweg Wien** Stephansplatz 6, 1010 Wien T: +43 (0)660 22988 66, E: pilgern@jakobsweg-wien.at

oben: Krafttanken am Jakobsweg Wien entlang der Donau.
unten: Schloss Schönbrunn ist einen Abstecher wert.

Jakobsweg Donau-Niederösterreich

WIEN • NIEDERÖSTERREICH

Entlang der Donau in Richtung Santiago

Der Jakobsweg Donau-Niederösterreich beginnt in Wolfsthal und führt auf insgesamt 309 Kilometern – inklusive der Jakobswegkilometer in Wien – von Wolfsthal nach St. Pantaleon an der Landesgrenze zu Oberösterreich. Er besteht aus mehreren Abschnitten, welche jeweils eine eigene Bezeichnung tragen.

Jakobsweg Römerland-Carnuntum (Wolfsthal → Schwechat)
Startpunkt des ersten Abschnitts Wolfsthal – Wien, der Jakobsweg Römerland-Carnuntum, ist die Wallfahrtskirche Maria am Birnbaum in Wolfsthal. Auf dem Weg nach Hainburg wird die Ruine Röthelstein passiert. Diese liegt auf einem 30 Meter hohen Felsvorsprung an der Donau, gegenüber der Burgruine von Devín in der Slowakei. In der Römerstadt Carnuntum wird dann die Zeit der Römer wieder lebendig. Auf Feldwegen führt die Route in einigem Abstand zur B9 nach Haslau und Maria Ellend zur Wallfahrtskirche „Unserer Lieben Frau vom Rosenkranz“ und der gegenüberliegenden Lourdesgrotte.

Hier mündet der Jakobsweg Burgenland in die österreichische Hauptroute ein. Nun geht der weitere Weg über Fischamend nach Schwechat. Dort findet der Jakobsweg Römerland-Carnuntum im „Jakobsweg Wien“ seine Fortsetzung (siehe S. 88 ff.)

Jakobsweg Purkersdorf → Göttweig

Nach dem Durchschreiten der Bundeshauptstadt findet die Hauptroute des Jakobsweges in Purkersdorf westlich vor den Toren Wiens ihren weiteren Verlauf bis zum Stift Göttweig. Den Beginn dieses Abschnitts bildet die Jakobskirche in Purkersdorf. Durch die Wanderregion Troppberg führt er durch die von kühlem Laubwald bedeckte Hügellandschaft des Wienerwaldes hin durch die Mitte Niederösterreichs ins Traisental zum barocken Augustiner Chorherrenstift Herzogenburg. Weiter geht es nordwestlich durch die Ausläufer des Dunkelsteinerwaldes zum nächsten Stift, dem Benediktinerstift Göttweig, wo der Jakobsweg bei Furth in den nächsten Teilabschnitt, den Jakobsweg Göttweig – Melk, übergeht.

Jakobsweg Wachau (Göttweig → Melk)

Der Jakobsweg Göttweig – Melk, dieser Abschnitt wird auch als „Wachauer Jakobsweg“ betitelt, verbindet die beiden Benediktinerstifte am Beginn und Ende der Wachau. Sie gelten seit dem Jahr 2000 als Weltkulturerbe. Der Wachauer Jakobsweg wurde auf ruhigen Wegen abseits des Donau-Radtourismus markiert und führt vom Hochplateau des Stiftes Göttweig, des österreichischen „Montecassino“, durch herrliche Weingärten bis nach Mautern. Dieser Ort war schon zu Zeiten der Römer und in der karolingischen Zeit ein Kreuzungspunkt wichtiger Handelsstraßen. Danach geht es weiter durch die mystischen Tiefen des Dunkelsteinerwaldes zum Wallfahrtsort Maria Langegg und zu der Kartause Aggsbach. Vor Melk liegen noch das Schloss Schönbühel und ganz in dessen Nähe das ehemalige Servitenkloster Schönbühel am Weg. Schließlich erreicht man Melk

mit seinem imposanten Stift hoch über der Donau, welches seit über 900 Jahren von den Benediktinern belebt wird.

Jakobsweg Mostviertel (Melk → St. Pantaleon)
Der nächste Streckenabschnitt am Jakobsweg durch den Nibelungengau nahe der Donau zwischen Melk und St. Pantaleon ist ein Geheimtipp für Genusswanderer. Dieser Abschnitt wird auch als „Jakobsweg Mostviertel" bezeichnet, verläuft großteils nördlich über der Donau und bietet neben der landschaftlichen Schönheit eine Vielzahl an prachtvollen Bauwerken wie am Beginn Stift Melk, das Europaschloss Leiben, Schloss Artstetten und die Basilika Maria Taferl, von der sich eine grandiose

Schloss Schönbühel liegt unterhalb von Melk am rechten Donauufer.

Fernsicht vor dem Pilger ausbreitet. Von Maria Taferl führt der Weg weiter über Maria Steinbründl nach Ybbs an der Donau und von dort zum Kollmitzberg, einem Wallfahrtsort, dessen Ottilienwasser, das mitten auf dem Berg entspringt, vor allem bei Augenleiden eine heilende Wirkung entfalten soll. Die Kirche mit der aus dem Jahr 1500 stammenden Ottilienstatue diente einst auch als Wehrkirche. Nun ist es nicht mehr weit zum sehenswerten Ardagger Stift. Bis 1784 wurde es von weltlichen Chorherren bewohnt und verfügt mit dem Margarethenfenster aus dem Jahr 1237, dem ersten figuralen Glasfenster Mitteleuropas, über eine kunsthistorische Rarität. So gelangt der Weg zur Jakobskirche in Zeillern und geht von dort über Wallsee

Das Benediktinerstift Melk an der Donau.

und Strengberg nach St. Pantaleon, wo er bei Pyburg die Landesgrenze überschreitet und sich in dem Oberösterreichischen Jakobsweg fortsetzt.

Die Etappeneinteilung auf den entsprechenden Internetseiten variiert teilweise sehr stark. Die hier vorgeschlagenen Etappen und Kennzahlen sind der Homepage der österreichischen Jakobswege entnommen.

Hauptroute	Wolfsthal → St. Pantaleon (ohne Abschnitt Stadt Wien)
Weglänge	etwa 273 km
Höhenlage	134 m bis 696 m Seehöhe
Höhenmeter	Aufstieg: 3147 hm, Abstieg: 3426 hm
Etappen	9

Jakobsweg Römerland-Carnuntum (Wolfsthal → Schwechat)

Weglänge etwa 57 km

2 Etappen Wolfsthal → Haslau an der Donau, 35 km, 9 h
Haslau an der Donau → Schwechat, 22,2 km, 6 h

Jakobsweg Purkersdorf → Göttweig

Weglänge etwa 68 km

2 Etappen Purkersdorf → Würmla, 35 km, 9,5 h
Würmla → Göttweig, 33 km, 9 h

Jakobsweg Wachau Göttweig → Melk

Weglänge etwa 49 km

2 Etappen Göttweig → Maria-Langegg, 23 km, 6 h
Maria-Langegg → Melk, 26 km, 7 h

Jakobsweg Mostviertel Melk → St. Pantaleon

Weglänge etwa 98,5 km

3 Etappen Melk → Ybbs, 33,5 km, 6 h
Ybbs → Zeillern, 32 km, 9 h
Zeillern → St. Pantaleon, 33 km, 9 h

Info www.jakobswege-a.eu
www.camino-europe.eu
www.donau.com
www.mostviertel.at
Donau Niederösterreich Tourismus GmbH
Schlossgasse 3, 3620 Spitz an der Donau
T: +43 (0)2713 300 60 60
E: urlaub@donau.com
Mostviertel Tourismus GmbH
im Töpperschloss Neubruck
Neubruck 2/10, 3283 Scheibbs
T: +43 (0)7482 204 44
E: info@mostviertel.at

Jakobsweg Weinviertel

NIEDERÖSTERREICH

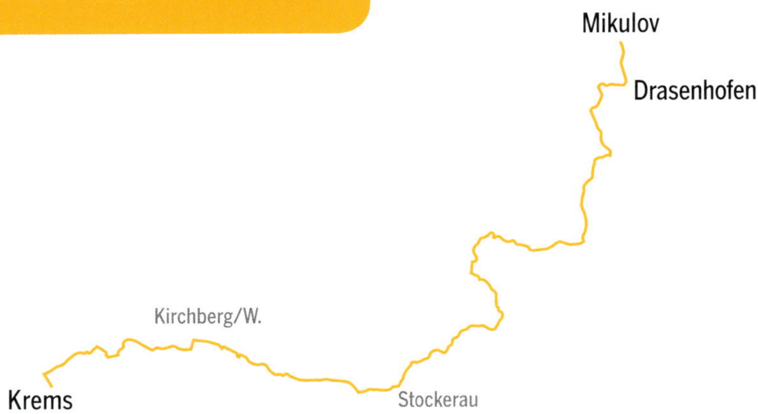

Die Region mit allen Sinnen erspüren

Eine hügelige Landschaft, viele Kraftplätze und Zeit, um sich selbst zu finden, laden zum Jakobsweg Weinviertel ein. Das Gehen durch die Kellergassen, die weiten Blicke ins Land, die vier Jakobskirchen entlang der Strecke in Falkenstein, Leitzersdorf, Etsdorf am Kamp und in Brunn im Felde sowie die Gastfreundschaft der Region lassen zu jeder Jahreszeit neue Kräfte sammeln. Der Jakobsweg Weinviertel führt auf 153 Kilometern über sanfte Hügel und Felder und zieht sich von Drasenhofen im nordöstlichen Niederösterreich bis nach Krems an der Donau, wo er an den Jakobsweg Göttweig – Melk anschließt.

Wer möchte, kann den Weg bereits am „Heiligen Berg" im tschechischen Mikulov/Nikolsburg beginnen. Auf österreichischer Seite beginnt er in Drasenhofen. Vom Start beim Gemeindeamt geht es vorbei an der Pfarrkirche und durch Weingärten in Richtung

Falkenstein. Am Kreuzberg öffnet sich ein wunderschöner Blick ins Weinviertel – hier kann man die Region mit allen Sinnen erspüren. Inmitten der Weingärten ist man hier unterwegs mit Blick auf den Ort, die Ruine Falkenstein und die umgebende Landschaft. Über eine Lourdesgrotte und die Bründlquelle geht es der ersten Jakobskirche in Falkenstein entgegen, die hoch oben emporragt. Im Altarbild begegnet man Jakob dem Älteren, ehe man durch einen schattigen Wald die Weinstadt Poysdorf mit ihrem Weinmarkt erreicht. Vorbei an der Passionskapelle, dem Poybach folgend, trifft man inmitten eines kleinen, schattigen Waldes auf die Wallfahrtskirche Maria Bründl.

Über die bunte Kellergasse Schellern und den Mistelbacher Wald hindurch wird die Bezirkshauptstadt Mistelbach erreicht. Mit dem Jakobsweg-Trinkbrunnen und zahlreichen Museen, zum Beispiel dem Urgeschichtemuseum mit wechselnden Sonderausstellungen und dem Nitsch-Museum bietet sie sich für einen längeren Aufenthalt an.

Durch den Leiser Wald wandernd ist man bald am Buschberg, der mit 491 m die höchste Erhebung des Weinviertels ist und die niedrigst gelegene Alpenvereinshütte Österreichs beherbergt. Die nächste Rast könnte bei der Wallfahrtskirche Maria Oberleis gemacht werden, oder man wirft von der Aussichtswarte am Oberleiserberg nochmals einen Blick zurück.

Über den Wildpark Ernstbrunn mit seinem Wolfsforschungszentrum führt der Weg nach Großrußbach. Dort ist das Bildungshaus Großrußbach eine zentrale Anlaufstelle für die Pilger und bietet gute Übernachtungsmöglichkeiten. Bald darauf liegt die Dreifaltigkeitswallfahrtskirche von Karnabrunn am Weg, wo die Jakobsweg-Initiative im Weinviertel ihren Anfang nahm. Weiter über den Michelberg, den Waschberg, der inmitten des Natura-2000-Schutzgebietes „Weinviertler Klippenzone“ liegt, und über die Jakobskirche Leitzersdorf gelangt man nach Stockerau, der größten Stadt im Weinviertel, wo sich auch der höchste Kirchturm Niederösterreichs befindet.

Kellergasse in Falkenstein.

Eine Besonderheit liegt am nächsten Streckenabschnitt: der „Stirbwegtunnel“, welcher unter dem Hausleitener Pfarrhof hindurch nach Gaisruck durchführt. Am weiteren Weg liegen nun zahlreiche Orte mit idyllischen Kellergassen und so manch fantastischer Aussichtspunkt entlang des Wagrams. Vorbei an der Wallfahrtskirche Maria Trost in Kirchberg am Wagram bietet sich das Weinzentrum Weritas mit seiner Aussichtsterrasse für Speis' und Trank an.

Den Weinterrassen folgend erreicht man über Fels am Wagram auf der letzten Etappe die beiden Jakobskirchen Etsdorf und Brunn im Felde. Mit Gedersdorf steht man nun am Eingangstor zur Wachau und ein wunderbarer Blick bis nach Göttweig begleitet den Pilger auf den letzten Kilometern, ehe er in Krems an der Donau, bei der Bürgerspitalkirche in der Fußgängerzone den Abschluss des Weinviertler Jakobsweges findet. Hier kann nun am gegenüberliegenden Donauufer der Weg Richtung Santiago fortgesetzt werden.

Diese Strecke ist mit durchschnittlicher Kondition in sechs Tagen gut zu bewältigen. Eine durchgehende Beschilderung des Weges in Richtung Krems sorgt für eine entspannte Wanderung.

Entsprechende Unterstützung bei der Tourenplanung sowie spezielle Angebote bietet das Büro von Weinviertel Tourismus an. Wer sich nicht alleine auf den Weg machen möchte, der kann gemeinsam in einer Gruppe und mit einem zertifizierten Pilgerbegleiter unterwegs sein. Von Frühjahr bis Herbst finden dazu geführte Touren statt. In den Quartieren ist eine Vorreservierung unbedingt erforderlich.

Strecke	Mikulov/Drasenhofen → Krems
Weglänge	etwa 153 km
Höhenlage	167 m bis 492 m Seehöhe
Höhenmeter	Aufstieg: 1 499 hm, Abstieg: 1 549 hm
6 Etappen	Drasenhofen → Poysdorf, 16,3 km, 5 h
	Poysdorf → Garmanns, 25,8 km, 7 h
	Garmanns → Großrußbach, 25,3 km, 7,5 h
	Großrußbach → Stockerau, 26,5 km, 8 h
	Stockerau → Kirchberg am Wagram, 29,3 km, 7,5 h
	Kirchberg am Wagram → Krems, 30 km, 8 h
Info	www.jakobsweg-weinviertel.at www.jakobswege-a.eu **Weinviertel Tourismus GmbH** Wiener Straße 1, 2170 Poysdorf T: +43 (0) 2552 3515, E: info@weinviertel.at www.weinviertel.at **Bildungshaus Großrußbach** Schloßbergstraße 8, 2114 Großrußbach T: +43 (0) 2263 6627 E: bildungshaus.grossrussbach@edw.or.at www.bildungshaus.cc

Jakobswege in Oberösterreich

TSCHECHIEN • OBERÖSTERREICH • SALZBURG

Viele Wege – ein Ziel: Santiago de Compostela

Durch Oberösterreich verlaufen vier Teilabschnitte des internationalen Jakobswegenetzes.
Der österreichische Hauptweg führt von St. Pantaleon nach Oberhofen am Irrsee, der „Jakobsweg Mühlviertel-West" oder „Jakobsweg Böhmerwald" führt von Krumau nach Passau, der „Jakobsweg Innviertel" verbindet die alten Bischofsstädte Passau und Salzburg. Schließlich führt seit kurzem der „Jakobsweg Mühlviertel-Ost" von Kautzen an der tschechischen Grenze durch das Waldviertel nach Süden ins Mühlviertel, wo er bei Mauthausen in Pyberg auf den österreichischen Hauptweg trifft.

Die Hauptroute des Jakobsweges, aus dem Osten von St. Pantaleon her kommend, erreicht Oberösterreich bei Enns und führt über St. Florian, Ansfelden, Wels, Stift Lambach, Vöcklabruck, Frankenmarkt und Oberhofen am Irrsee an die Landesgrenze zu Salzburg. Er folgt damit historischen Wegen und Straßen, die bereits zur Römerzeit angelegt wurden. Vermutlich war aber auch schon früh Linz in den Weg mit eingebunden.
So gibt es ab Pyburg, kurz nach St. Pantaleon, eine etwas längere nördlichere Variante, die Gedenkstätte Mauthausen einbeziehend, vorbei an der Burg Steyregg nach Linz und weiter nach Stift Wilhering, dem Zisterzienserkloster vor den Toren der Stadt. Es wurde bereits 1098 gegründet, seine Rokokokirche zählt zu den schönsten Österreichs. Den Kürnbergerwald durchquerend schwenkt der Weg nach Süden Richtung Hörsching mit seiner Martinskirche aus dem 8. Jahrhundert. Bald darauf ist das Ufer der Traun erreicht und der Weg kommt mit der südlicheren, Linz umgehenden Route zusammen, um entlang der Traun nach Wels zu führen.

Die südlichere Hauptroute bindet Enns und das Kloster St. Florian mit ein. Enns wurde im 2. Jahrhundert als römisches Heerlager Lauriacum ausgebaut und erhielt bereits 212 das Stadtrecht. 1212 verbrieften die Babenberger dies nochmals und somit gilt Enns als die älteste Stadt Österreichs. Nächster Höhepunkt ist das Augustiner-Chorherrenstift St. Florian mit der berühmten Brucknerorgel in der barocken Stiftskirche. Über Ansfelden gelangt man wieder in das Tal der Traun und weiter nach Wels mit seinem sehenswerten Stadtplatz. Nach Wels folgt bald das Stift Lambach, mit schönen romanischen Fresken im Läuthaus der Klosterkirche. Am weiteren Weg liegt Attnang-Puchheim mit der Wallfahrtsbasilika Maria Puchheim, dem diözesanen Bildungshaus Maximilianum und dem Schloss Puchheim. In Vöcklabruck, der nächsten Stadt, weist die Kirche St. Ägidius mit angeschlossenem Hospiz auf eine ehemalige

Unterkunft auch für Jakobspilger hin. Heute gibt es dort eine Pilgerherberge der Franziskanerinnen. Über Frankenmarkt mit dem kunsthistorisch interessanten Altarbild von Martino Altomonte in der barocken Pfarrkirche führt der Jakobsweg schließlich nach Oberhofen am Irrsee und ins Salzburgerland.

Der „Jakobsweg Mühlviertel-West", auch „Jakobsweg Böhmerwald" genannt, beginnt in Krumlov/Krumau. Das mittelalterliche Städtchen gehört seit 1992 zum UNESCO-Weltkulturerbe. Die erste Etappe führt von Kájov/Maria Gojau, einem der ältesten Marienwallfahrtsorte in Böhmen, an das Ufer des Moldaustausees. Durch den Nationalpark Šumava geht es nach Svatý Tomáš/St. Thomas und weiter zum Grenzübergang St. Oswald. Dort wird die Grenze zu Österreich passiert.
Das Prämonstratenserstift Schlägl ist der kulturell-spirituelle Höhepunkt des nächsten Abschnitts. Von hier aus begann mit dem Bau des Klosters im frühen 13. Jahrhundert das Urbarmachen der Region. Zahlreiche Ausstellungen über die Kultur- und Kunstschätze des Stiftes laden zum Verweilen ein. Bekannt ist das Stift des Weiteren für die Kunst des Bierbrauens.
Die Jakobskirche in Rohrbach ist die nächste sehenswerte Kirche am Weg. Sie zählt zu den wichtigsten Barockbauten nördlich der Donau. Am nächsten Tag wird in Neustift Österreich wieder verlassen, und der Jakobsweg führt durch Niederbayern über Untergriesbach und Thyrnau bis in die Domstadt Passau. Dort kann am Jakobsweg Innviertel auf alten Römerstraßen die Pilgerschaft nach Santiago fortgesetzt werden.

Der „Jakobsweg Innviertel" verbindet die beiden Bischofs- und Domstädte Passau und Salzburg. Er folgt zunächst dem Inn am linken Ufer aufwärts von Passau über Neuburg und Vornbach bis Schärding. Von dort führt er über Reichersberg und

Jakobspilger vor der Basilika St. Laurenz in Enns.

Obernberg nach Kirchdorf am Inn. Den Inn verlassend gelangt man nach Altheim und überquert den Kobernaußerwald von Höhnhart über Maria Schmolln, um nach Schalchen mit seiner schönen Jakobskirche zu gelangen. Im Mattigtal geht es weiter nach Munderfing, Lengau und Lochen bis an die Salzburger Landesgrenze. Ab Mattsee führt der weitere Weg nach Seekirchen und Eugendorf, wo der Weg in den österreichischen Hauptweg mündet. Schließlich werden über die Wallfahrtskirche Maria Plain die Stadt Salzburg und der Salzburger Dom erreicht.
Auf weiten Strecken ist der Weg identisch mit dem VIA NOVA Pilgerweg (siehe S. 204 ff.), so kann man auch gut dessen Schildern folgen.

Der „Jakobsweg Mühlviertel-Ost“ geht von der Jakobskirche im Ort Kautzen an der tschechischen Grenze zunächst durch das Waldviertel, führt dann ins Mühlviertel und nach Pyburg. Er verbindet dabei sieben Jakobskirchen.
Von Kautzen aus bringt er die Pilger zur Jakobuskirche von Echsenbach. Am Rand des Truppenübungsplatzes Allensteig geht es in die kleine Ortschaft Germanns und nördlich an Zwettl vorbei nach Groß-Gerungs und seiner Siedlung St. Jakob mit den sogenannten Jakobihäusern, welche mit Steinen der ehemaligen Jakobskapelle Thail erbaut wurden. Wird die Marktgemeinde Arbesbach durchschritten, sieht man schon von weitem den „Stockzahn“, ein Überbleibsel der Burg Arbesbach aus dem 12. Jahrhundert. Sodann führt der Weg hin zur Jakobskirche nach Altmelon. Durch den Weinsberger Wald wird das Mühlviertel erreicht. Schon bald beginnt sich die Landschaft zu verändern, erkennbar vor allem an den vielen Granitsteinen, die in den Wäldern zu finden sind. Über Haid gelangt man nach Königswiesen und weiter durch das waldreiche hügelige Mühlviertel nach Schönau im Mühlkreis. In Schönau gibt es wieder eine Jakobskirche, die bereits 1230 erwähnt wurde. Vorbei führt der Weg immer wieder an schönen

Unterwegs auf dem Jakobsweg Mühlviertel-Ost.

Bauernhöfen und kommt sodann in den Kurort Bad Zell. Nach Bad Zell erreicht man das bekannte „Hedwigs-Bründl", eine Heilquelle mittelalterlichen Ursprungs, über der eine Kapelle errichtet wurde. Durch das Naarntal setzt sich der Weg in die Stadtgemeinde Perg fort. Die Pfarrkirche Perg ist ebenfalls dem hl. Jakobus geweiht.
Von hier kann man über den Donausteigweg nach Westen gehen, bis Mauthausen erreicht ist. Dort wird die Donau überquert und gleich nach der Donaubrücke ist man bei Pyburg am Hauptweg des Jakobsweges angelangt. Von Mauthausen kann der Weg auch über Linz und Wilhering Richtung Wels zur Hauptroute hin fortgesetzt werden.

Hauptroute **St. Pantaleon → Oberhofen**
Weglänge etwa 135 km
Höhenmeter Aufstieg: 854 hm, Abstieg: 547 hm
6 Etappen St. Pantaleon → St. Florian, 20 km, 5 h
St. Florian → Hörsching, 23 km, 6 h
Hörsching → Wels, 19,5 km, 5 h
Wels → Schwanenstadt, 25 km, 6 h
Schwanenstadt → Vöcklabruck, 15 km, 4 h
Vöcklabruck → Oberhofen, 33 km, 8,5 h

Nördliche Alternativroute (St. Pantaleon → Hörsching)
Weglänge etwa 60 km
2 Etappen St. Pantaleon → Linz, 35 km, 9 h
Linz → Hörsching, 25 km, 7 h

Jakobsweg Böhmerwald/Mühlviertel-West (Krumau → Passau)
Weglänge etwa 140 km
Höhenmeter Aufstieg: 3 177 hm, Abstieg: 3 467
7 Etappen Ceský Krumlov → Frymburk, 29 km, 8 h
Frymburk → St. Oswald, 19 km, 5,5 h
St. Oswald → Aigen-Schlägl, 11,5 km, 3,5 h
Aigen-Schlägl → Rohrbach-Berg, 15 km, 4,5 h
Rohrbach-Berg → Pfarrkirchen, 22 km, 6,5 h
Pfarrkirchen → Untergriesbach, 19 km, 5,5 h
Untergriesbach → Passau, 27 km, 8 h

Jakobsweg Innviertel (Passau → Salzburg)
Weglänge etwa 140 km
6 Etappen Passau → Suben, 22 km, 5,5 h
Suben → Obernberg, 21 km, 5,5 h
Obernberg → Höhnhart, 26 km, 7 h
Höhnhart → Munderfing, 21 km, 5,5 h
Munderfing → Obertrum, 25 km, 7 h
Obertrum → Salzburg (Zentrum), 26 km, 7,5h

Jakobsweg Mühlviertel-Ost (Kautzen → Pyburg)

Weglänge	etwa 163 km
8 Etappen	Kautzen → Vitis, 29,3 km, 8 h Vitis → Germanns, 18,4 km, 5 h Germanns → Groß-Gerungs, 28 km, 7 h Groß-Gerungs → Altmelon, 22,4 km, 5,5 h Altmelon → Haid, 11,6 km, 3 h Haid → Bad Zell, 28,7 km, 7,5 h Bad Zell → Perg, 18,7 km, 5 h Perg → Pyburg, 13,6 km, 3,5 h
Info	www.jakobswege-a.eu www.camino-europe.eu www.boehmerwald.at **Pastoralamt der Diözese Linz** Christine Dittlbacher, MAS Kapuzinerstr. 84, 4020 Linz T: +43 (0)676 8776 3171 E: christine.dittlbacher@dioezese-linz.at **Ferienregion Böhmerwald** Hauptstraße 2, 4160 Aigen-Schlägl T: +43 (0)5 7890 100, E: info@boehmerwald.at www.boehmerwald.at **Oberösterreich Tourismus GmbH** Freistädter Straße 119, 4041 Linz T: +43 (0)732 7277–100 E: tourismus@oberoesterreich.at www.oberoesterreich-tourismus.at

Jakobsweg Salzburg

SALZBURG • BAYERN

Durch Seen- und Kulturlandschaften

Östlich der Stadt Salzburg, in Eugendorf, treffen zwei europäische Jakobswegrouten aufeinander, um gemeinsam nach Santiago zu führen. Aus dem Osten die Hauptroute des österreichischen Jakobsweges von Wolfsthal beziehungsweise Ungarn, sowie aus dem Norden der Jakobsweg Böhmerwald – Innviertel, aus Tschechien kommend. Der Salzburger Jakobsweg führt sodann durch das Salzburger Seenland in die Festspielstadt Salzburg. Weiter geht es über Großgmain, Bad Reichenhall, das sogenannte kleine deutsche Eck, Unken und Lofer bis zur Tiroler Grenze, wo der Weg an den Jakobsweg Tirol anschließt.

Spirituelle Höhepunkte am Weg sind einerseits die Wallfahrtsbasilika Maria Plain bei Bergheim hoch über der Stadt Salzburg, Großgmain mit der ältesten Marienwallfahrtskirche Salzburgs und der Abstecher zur Wallfahrtskiche Maria Kirchental bei St. Martin bei Lofer. Andererseits sind natürlich auch die Hager Jakobskapelle sowie die Jakobskirchen in Obertrum am See, Gois und Unken Fixpunkte für die Jakobswegpilger.

Wer von östlicher Richtung über Nieder- und Oberösterreich am Hauptweg unterwegs ist, beginnt die Etappe nach Salzburg in Oberhofen am Irrsee und folgt dem Weg nach Höhenroith. Bald darauf ist die Hagerkapelle erreicht, die zu einem besinnlichen Halt einlädt. Dort erreicht der Jakobsweg das Land Salzburg. Dem Wegzeichen folgend kommt man an den Wallersee. Über Henndorf am Wallersee und zahlreichen Bade- wie Erfrischungsmöglichkeiten geht es schließlich nach Eugendorf, wo diese erste Etappe endet.

Der von Tschechien kommende Weg führt vom Etappenstart Munderfing über Lengau, Mattsee und Obertrum nach Seekirchen und Eugendorf.
Von Eugendorf geht es nun für beide Wege gemeinsam weiter über Hallwang zur Wallfahrtskirche Maria Plain nördlich der Stadt Salzburg. Das Gnadenbild der Basilika soll während des Dreißigjährigen Krieges beim Brand der Stadt Regen (Bayern) auf wundersame Weise verschont geblieben sein. Von Maria Plain es geht abwärts der Salzach entgegen, um an dieser entlang ins Stadtzentrum und zum Salzburger Dom zu kommen.
Wer hier Kultur und Kunst genießen möchte, sollte genügend Zeit einplanen. Auch wenn der Aufenthalt in der Stadt Salzburg immer zu kurz ist: Irgendwann ruft der Aufbruch. So wird Salzburg in südwestlicher Richtung, vorbei am Flughafen, verlassen und Großgmain angestrebt.
Nach Großgmain wird die Grenze zu Deutschland überschritten und man wandert durch das Berchtesgadener Land. Bald liegt Bad Reichenhall mit seiner Rupertustherme am Weg. Wer schon längere Zeit unterwegs ist, kann diese für einen Erholungstag nutzen. Nun geht es über Schneizlreuth und Unken nach Lofer. Zuerst wird mit dem Steinpass die Grenze erneut überschritten und mit Unken ist wieder das Salzburger Land erreicht. Von dort setzt sich entlang der Saalach der Jakobsweg weiter nach Lofer fort, wo der Tiroler Jakobsweg beginnt.

Empfehlenswert ist in Lofer ein Abstecher zur Wallfahrtskirche Maria Kirchental, um dort zu verweilen und die Stille zu genießen. Dort ist auch der Endpunkt des Pinzgauer Marienweges. Die Etappeneinteilung auf den diversen Internetseiten variiert teilweise sehr stark. Die hier vorgeschlagenen Etappen und Kennzahlen sind der Homepage der österreichischen Jakobswege entnommen.

Jakobsweg

Strecke	Oberhofen am Irrsee → Lofer
Weglänge	etwa 96 km
Höhenlage	425 m bis 863 m Seehöhe
Höhenmeter	Aufstieg: 1 361 hm, Abstieg: 1 323 hm
4 Etappen	(österreichischer Hauptweg)
	Oberhofen → Eugendorf, 24 km, 6 h
	Eugendorf → Hinterreit, 29,4 km, 7,5 h
	Hinterreit → Unken, 23 km, 6 h
	Unken → Lofer, 18,5 km, 5 h

2 Etappen nach Salzburg, vom Jakobsweg Innviertel kommend:

Munderfing → Obertrum, 25 km, 7 h
Obertrum → Salzburg (Zentrum), 26 km, 7,5h

Info

www.salzburgerland.com/de/spirituelles-reisen
www.jakobswege-a.eu
www.camino-europe.eu
SalzburgerLand Tourismus GmbH
Wiener Bundesstraße 23, 5300 Hallwang
T: +43 (0)662 6688-0, E: info@salzburgerland.com
Jakobsweg Salzburg
Pilgerbegleiterin Angelika Wimmer
T: +43 (0)681 20669131, E: angelikawimmer@gmail.com

oben: Salzburg mit seiner Festung Hohensalzburg und der Stiftskirche St. Peter.
unten: Almwiese am Jakobsweg Salzburg bei Lofer.

Jakobsweg Tirol – Vorarlberg

TIROL • VORARLBERG

Unterwegs auf alten Handelsrouten

Die Hauptroute des Jakobsweges Tirol verläuft aus Salzburg kommend von Lofer über Innsbruck auf den Arlberg.
In diese Route münden bei Wörgl der Jakobsweg Bayern über Kufstein kommend ein, bei Innsbruck der Jakobsweg Südtirol, welcher vom Brenner her kommt und in Stams stößt der dritte Zubringerweg aus München kommend zur Hauptroute.
Schließlich verläuft der Jakobsweg auch in Osttirol, siehe dazu Jakobsweg Kärnten/Osttirol, S. 126 ff.

Von Lofer aus führt die erste Etappe des Tiroler Jakobsweges eher flach entlang von Radwegen und Nebenstraßen nach St. Johann in Tirol, wo eine imposante Barockkirche aus dem 18. Jahrhundert wartet. In Waidring gibt es die Möglichkeit, ins Pillerseetal abzuzweigen. Dies ist deshalb sehr empfehlenswert, da auf dieser Route am Weg zum Tagesziel St. Johann sich bei St. Ulrich am Pillersee das bemerkenswerte, 30 Meter hohe Jakobskreuz Pillerseetal erhebt. Das höchste begehbare Gipfelkreuz Europas steht am Gipfel der Buchensteinwand in 1456 Meter Seehöhe und beherbergt Ausstellungsräume und vier Aussichtsplattformen mit einem grandiosen Panorama.

Von St. Johann geht es westwärts, vorbei an Going und dem prachtvollen Gebirgsstock des Wilden Kaisers nach Ellmau und Söll mit dem „Söller Bauerndom", wie die Pfarrkirche wegen ihrer Größe genannt wird, weiter bis Bruckhäusl an der Brixentaler Ache. Ihr folgt der Weg bis Wörgl, einem Knotenpunkt historischer Handelswege aus allen Himmelsrichtungen.
Den Inn überquerend trifft man auf der anderen Uferseite vor Breitenbach auf den Jakobsweg, welcher von Norden kommend, also von Altötting, Rosenheim und Kufstein „am grünen Inn" nach Innsbruck führt.

Die Festung Kufstein ist ein Juwel im Tiroler Unterland und Wahrzeichen der Bezirkshauptstadt, welche mit zahlreichen Freizeitangeboten einlädt, die Natur und die umliegenden Berge zu genießen. Bald nach Breitenbach folgen Kramsach und die Basilika Mariathal. Auch der wärmste Badesee Tirols ist hier zu finden und bietet sich zum Relaxen an.
Die nächste Stadt, Rattenberg, ist eine der ältesten Städte Tirols und mit 440 Einwohnern zugleich die kleinste Österreichs. Sie gilt mit ihrer Glasbläserei als Glasmetropole Tirols und wird wegen ihrer mittelalterlichen Architektur oftmals als „Venedig Tirols" bezeichnet. Über Brixlegg wird Strass im Zillertal erreicht, in dessen Gemeindewappen die Jakobsmuschel aufscheint. Hier lohnt sich ein Abstecher zur Wallfahrtskirche Maria Heimsuchung auf der Brettfall, einem kühnen Felsen, der direkt aus dem Tal aufsteigt.
Den Inn nochmals überquerend werden Jenbach und in weiterer Folge Stans erreicht. Ganz in der Nähe liegt hier der bekannte

Das Jakobskreuz auf 1 456 m Seehöhe bei St. Jakob in Haus im Pillerseetal.

Wallfahrtsort St. Georgenberg, der unter anderem durch die wilde und beeindruckende Wolfsklamm zu erreichen ist.
Vorbei an Schwaz und Vomp kommt der Weg in Gnadenwald an, ebenfalls ein bekanntes Wallfahrts- und Ausflugsziel. Nun ist es nur mehr kleines Stück nach Innsbruck.

Der Jakobsweg führt durch Absam in die mittelalterliche Stadt Hall, die ehemals eine der wichtigsten Handelsstädte im Ostalpenraum war, weiter über das Krippendorf Thaur mit seinem Romediuskirchlein, Ausgangspunkt für den Romediuspilgerweg (siehe S. 234 ff.), durch die Marktgemeinde Rum zur Olympiastadt Innsbruck und zum Dom St. Jakob. Der Besuch des Domes ist ein ganz besonderer Höhepunkt auf dem Jakobsweg Tirol. Die in der Dompfarre beheimatete Jakobsgemeinschaft nimmt sich gerne der Anliegen der Pilgerinnen und Pilger an. In Innsbruck vereint sich die aus dem Süden her kommenden Jakobswege aus Kärnten, Ost- und Südtirol mit der österreichischen Nordroute. Diese aus Italien kommende Route führt über den Brenner und Matrei, vorbei am Stift Wilten, in die Landeshauptstadt Tirols.

Innsbruck wird in Richtung Westen entlang des Inn-Südufers verlassen. Vorbei am Flughafen Innsbruck-Kranebitten geht es teils direkt am Innufer entlang, teils aber auch auf aussichtsreichen Wegen an den südlichen Flanken des Inntales nach Pfaffenhofen beziehungsweise nach Telfs auf der anderen Innseite. Als frühes Siedlungsgebiet war Pfaffenhofen schon vor 3000 Jahren bewohnt. Im 5. Jahrhundert ließ sich ein Wanderbischof hier nieder, dessen Bischofsitz noch heute in der Kirche zu bewundern ist.

So führt der weitere Weg nach Stams mit seinem geschichtsträchtigen Stift. Es wurde 1273 von Graf Meinhard II. von Görz-Tirol gestiftet. Es ist auch bekannt für seine Internatsschule für Skisportler, einer Kaderschmiede, aus der viele bekannte Athletinnen und Athleten hervorgegangen sind. Kurz nach Stams stößt bei Mötz der aus München kommende, über Mittenwald und Telfs führende Jakobsweg zur Innroute hinzu.
Weiter geht es nach Roppen. Dort gibt es auf dem Weg nach Zams und Landeck zwei Varianten: eine südlichere über Arzl im Pitztal oder die Hauptroute über Karres und Karrösten. Von hier lohnt sich ein Abstecher nach Imst mit seinen über vierzig Brunnen, die über das ganze Stadtgebiet verteilt sind. 18 davon sind wegen ihres Alters als historisch zu bezeichnen. Bei Mils kommen die beiden Routen wieder zusammen und es geht nach Schönwies zur Kapelle des hl. Vigil. Der Legende nach wurden hier drei „salige" Frauengestalten verehrt. Ein besonderer Kraftplatz, ohne den für viele Pilger der Jakobsweg durch Nordtirol

nur ein Fragment bleibt. Anschließend folgt Zams mit der beeindruckenden Kronburg, dem Wahrzeichen des am Eingang des Landecker Talkessels gelegenen Ortes.

Die nächste Stadt, Landeck, ist wieder ein historischer Verkehrsknotenpunkt. Hier kreuzt der Jakobsweg die Via Julia Augusta. Vorbei an Stanz und der kühn über dem Tal liegenden Burg Schrofenstein führt der Jakobsweg nach Grins weiter. Der Ort war früher Stützpunkt der Fuhrleute zum Pferdewechseln und Ausruhen vor dem beschwerlichen Aufstieg zum Arlberg. 1945 wurde er durch einen Brand fast vollständig vernichtet, konnte aber aufgrund einer beispiellosen Spendenaktion innerhalb von drei Jahren wieder aufgebaut werden.
Auf einer der schönsten Wegstrecken am Jakobsweg Tirol geht es nach Pians und weiter zum Wallfahrtsort Strengen mit der beliebten Wallfahrtskapelle Mariahilf. Von hier führt der Weg nach Flirsch mit seiner Lourdeskapelle weiter, bevor es auf der letzten Etappe über Pettneu dem Arlbergpass entgegengeht, wo der Jakobsweg Tirol in St. Christoph am Arlberg seinen Abschluss findet und in den Jakobsweg Vorarlberg übergeht.

Jakobsweg Vorarlberg

Am Arlberg wird der Weg nach Santiago de Compostela mit dem Jakobsweg Vorarlberg fortgesetzt, der in Rankweil in die grenzüberschreitende Etappe nach Appenzell und damit in die Schweiz übergeht. Die Pilgerroute führt vom Arlbergpass auf regionalen Hauptrouten des „Arlbergweges“ bis Bludenz und von Bludenz nach Rankweil auf dem „Walgauweg“. Wer sich an diese Bezeichnungen hält, befindet sich immer auch am Jakobsweg, der zusätzlich mit dem Jakobswegschildern beziehungsweise dem Muschelsymbol gekennzeichnet ist.

In St. Christoph am Arlberg gibt es seit 1386 eine Unterkunft für Reisende und Pilger, und so dominiert das Arlberg-Hospiz-Hotel den kleinen Ort. Ist der Arlbergpass überschritten, führt der Weg wieder abwärts über Stuben und Langen nach Klösterle. Hier wurde bereits 1218 ein Johanniter-Hospiz für Passwanderer gegründet. Nach diesem auch zu sommerlicher Jahreszeit sehr kühlem Abschnitt folgt ein Wegstück im wärmenden Sonnenlicht. Es geht mit Ausblicken ins Klostertal und zur Davennagruppe nach Inner- und Außerwald, vorbei an der St. Martins-Kapelle nach Dalaas, wiederum eine historische Pferdewechsel- und Poststation.

Über den Alfenzweg gelangt man zum Fallbach-Wasserfall sowie weiter über Inner- und Außerbraz nach St. Leonhard. Dort geht es wieder nach längerem aufwärts über die Anhöhe Gasünd und über Wiesen-, Wald- und Forstwege hinab nach Bludenz, wo der Jakobsweg oder Arlbergweg beim Kloster St. Peter die Talsohle erreicht.
Die mittelalterliche Stadt Bludenz mit ihren geschwungenen Arkaden, dem barocken Schloss Gayenhofen und der Laurentiuskirche liegt im Schnittpunkt von fünf Tälern und lädt zum Verweilen ein, bevor der Weg über das obere Stadttor nach Nüziders weiterführt.

Der Wanderweg nach Ludesch geht vorbei am Naturdenkmal „Hangender Stein“ zur Martinskirche mit ihren Pilgerzeichen und einem schönen Blick über den Walgau. Über Thüringen wird Schnifis erreicht, und der Walgauweg steuert die sehenswerte Kirche von Röns an: Die kleinste Gemeinde Vorarlbergs hat eine der wertvollsten Kirchen mit der Darstellung der beiden Pilgerpatrone Jakobus und Christophorus im spätgotischen Flügelalter. Ist danach Satteins erreicht, gibt es die Wegvariante über einen Waldweg nach Rankweil, oder man besucht davor noch Feldkirch und kommt von Süden zur Basilika von

Rankweil, einer burgähnlichen Wallfahrtskirche. „Unsere Liebe Frau auf dem Liebfrauenberg" ist das meistbesuchte Wallfahrtsziel und spirituelle Zentrum Vorarlbergs.

Vom Bahnhof Rankweil geht der Jakobsweg nach Meiningen, wo bald darauf die Grenze zur Schweiz passiert wird und die ersten Meter auf dem schweizerischen Jakobsweg zurückgelegt werden, der die Pilger bis an die Grenze zu Frankreich bringt. Tagesziel dieser grenzüberschreitenden Etappe ist Appenzell in der Schweiz.

Die Etappeneinteilung auf den entsprechenden Internetseiten variiert teilweise. Die hier vorgeschlagenen Etappen und Kennzahlen sind der Homepage der österreichischen Jakobswege entnommen.

Jakobsweg Tirol	
Strecke	Lofer → St. Christoph am Arlberg
Weglänge	etwa 255 km
Höhenlage	495 m bis 1793 m Seehöhe
Höhenmeter	Aufstieg: 4 762 hm, Abstieg: 3 618 hm
10 Etappen	Lofer → St. Johann in Tirol, 26,4 km, 7 h
	Alternative Waidring → St. Johann in Tirol via Pillerseetal, 25 km, 6,5 h
	St. Johann in Tirol → Bruckhäusl, 31 km, 8,5 h
	Bruckhäusl → Strass im Zillertal, 30,4 km, 8 h
	Strass im Zillertal → Terfens, 21 km, 6 h
	Terfens → Innsbruck, 23,8 km, 6,5 h
	Innsbruck → Pfaffenhofen, 33 km, 9 h
	Pfaffenhofen → Roppen, 24,4 km, 6 h
	Roppen → Zams/Landeck, 25,5 km, 7,5 h

	Alternative Roppen → Zams via Pitztal, 25,9 km, 8,5 h
	Zams → Flirsch, 18,5 km, 6,5 h
	Flirsch → St. Christoph am Arlberg, 21,3 km, 7 h

Jakobsweg Tirol aus Bayern kommend

Weg 1	Kiefersfelden/Kufstein → Wörgl, 21,4 km, 6 h
Weg 2	Mittenwald → Stams, 34 km, 9,5 h

Jakobsweg Tirol aus Südtirol kommend

2 Etappen	Gries am Brenner → Matrei am Brenner, 16 km, 4,5 h
	Matrei am Brenner → Innsbruck, 26 km, 6,5 h

Jakobsweg Vorarlberg

Strecke	St. Christoph am Arlberg → Appenzell (CH)
Weglänge	etwa 89 km
Höhenlage	502 m bis 1793 m Seehöhe
Höhenmeter	Aufstieg: 1 552 hm, Abstieg: 2 590 hm
4 Etappen	St. Christoph → Dalaas, 19,4 km, 5 h
	Dalaas → Bludenz, 17,3 km, 5 h
	Bludenz → Rankweil, 25,9 km, 7 h
	Rankweil → Appenzell, 26 km, 7,5 h

Info

www.jakobsweg-tirol.net
www.jakobswege-a.eu
www.camino-europe.eu

Projektmanagement Jakobsweg Tirol
Pillerseetal Regionalentwicklungs GmbH
Regio-Tech 1, 6395 Hochfilzen
T: +43 (0)5359 90501 1002
E: info@jakobsweg-tirol.net

Kontakt für den **Jakobsweg Vorarlberg**
Diözesanhaus Feldkirch (Dr. Birgit Huber)
Bahnhofstraße 13, 6800 Feldkirch
T: +43 (0)5522 3485 204
E: birgit.huber@kath-kirche-vorarlberg.at

Jakobsweg Weststeiermark

STEIERMARK

Buen camino – auf Steirisch: an guaten Weg!

Der Jakobsweg Weststeiermark wurde am 25. Juli 2010 eröffnet, am Festtag des hl. Jakobus. Seine acht Etappen sind zwischen 14 bis 26 Kilometer lang. Entlang sanfter Hügellandschaften, grüner Almwiesen oder hoch oben auf der Koralpe lassen sich fern vom Alltagsstress Körper, Geist und Seele wieder in Einklang bringen.

Bei der Jakobskirche in Thal bei Graz, gestaltet durch den bekannten Künstler Ernst Fuchs aus der Schule des Phantastischen Realismus, beginnt der weststeirische Jakobsweg. Er führt von hier nach St. Pankrazen. Unterwegs liegen auf der ersten Etappe das Schloss Plankenwarth und die spätromanische Kirche von Stiwoll. Zur Kirche gehört die Barbaraglocke, welche zu den ältesten Glocken der Steiermark zählt.

Bald danach trifft man am zweiten Tag auf die Jakobskirche in Geistthal.
Hier mündet in den Jakobsweg Weststeiermark, der aus Graz kommt, ein Zubringerweg ein, der seinen Ausgang bei der Benediktinerabtei Seckau hat. Der Anschlussweg von Seckau geht über Kobenz, St. Margarethen und das Gleinalmschutzhaus bis nach Geistthal.
Von der Jakobskirche Geistthal setzt sich der Weg fort, vorbei an so manch altem Wegkreuz vorbei und mit herrlichem Blick in die weststeirische Hügellandschaft. In Bärnbach erwartet die Pilger die fantastische Barbarakirche, 1987–88 neu gestaltet durch den Künstler Friedensreich Hundertwasser.
Mit dem Lipizzanergestüt, dem Schloss und der Kirche in Piber folgen die nächsten Sehenswürdigkeiten. Durch den sogenannten Dechantswald kommt man zur Therme Nova Köflach und kann sich, je nach Wetterlage, aufwärmen oder abkühlen. Über Köflach führt der Weg in den Wallfahrtsort Maria Lankowitz und zu dem der Kirche angeschlossenen Franziskanerkloster. War der Ort im 20. Jahrhundert noch stark vom Kohlebergbau rund um die Gruben von Piberstein geprägt, so spielt heute der Tourismus mit der Freizeitinsel Piberstein, welche aus den aufgelassenen Gruben entstanden ist, eine bedeutende Rolle. Tagesziel ist Edelschrott.
Von dort führt der Weg über den Hirzmann-Stausee nach Modriach und zum Alpengasthaus Hoiswirt.
Die nächste Etappe geht über das Schrogentor zur Jakobskirche Freiland und weiter nach Maria Osterwitz.
Dort beginnt dann eine besonders herausfordernde Etappe hinauf zum höchsten Punkt des Jakobsweges, dem Großen Speikkogel mit seinen 2140 Metern. Jedoch wartet mit dem Koralpenschutzhaus ein wunderbares Etappenziel auf den Pilger. Es ist sehr empfehlenswert, auf dieser Etappe vorab die Wetterverhältnisse abzufragen.
Nun geht es wieder am vorletzten Tag entlang der steirisch-kärntnerischen Grenze bergab zur Jakobskirche Soboth, ehe man die

Wegkreuz am Weststeirischen Jakobsweg bei der Trahütter Hütte.

letzte Etappe mit einem Anstieg auf das Weintrattl in Angriff nimmt und schließlich in Lavamünd eintrifft, wo knapp davor sich der weststeirische Jakobsweg mit dem slowenischen und dem kärntnerischen Jakobsweg vereint und als „Südösterreichischer Jakobsweg" nach Tirol und Italien weiterführt.

Die Etappen wurden so gewählt, dass sie für durchschnittliche Wanderer gut zu bewältigen sind und es an jedem Etappenende Übernachtungsmöglichkeiten gibt. Eine Besonderheit ist, dass es zudem an allen Etappenzielen einen Pilgerstein gibt, der die noch zu gehenden Kilometer nach Santiago de Compostela anzeigt. Die Etappe über die Koralpe, mit dem Großen Speikkogel als höchstem Punkt, sollte nur bei gutem Wetter angetreten werden. Viele bekannte Künstler haben entlang des Weges ihre Spuren hinterlassen. Von Ernst Fuchs stammt die Ausgestaltung der Jakobskirche in Thal bei Graz ebenso wie der Mosesbrunnen in Bärnbach. Friedensreich Hundertwasser wiederum schuf mit der Barbarakirche in Bärnbach ein einzigartiges Werk. Einblicke in die Faszination Glas geben jährlich Ausstellungen im

Stölzle Glaskunst Center Bärnbach. Nicht weit davon befindet sich am Weg das Bundesgestüt Piber mit seinen weltberühmten Lipizzanerpferden. Abkühlung ist in einem der zahlreichen Stauseen entlang des Weges zu finden, wie zum Beispiel am Hirzmann-Stausee, am Packer-Stausee oder am Sobother-Stausee.

Hauptweg Graz → Lavamünd
Weglänge etwa 152 km
Höhenlage 348 m bis 2140 m Seehöhe
Höhenmeter Aufstieg: 4954 hm, Abstieg: 5022 hm
8 Etappen Thal/Graz → St. Pankrazen, 20,3 km, 6 h
St. Pankrazen → Bärnbach, 26,6 km, 8 h
Bärnbach → Edelschrott, 15,5 km, 5 h
Edelschrott → Modriach/Hoiswirt, 12,7 km, 4 h
Modriach/Hoiswirt → Maria Osterwitz, 21,5 km, 7 h
Maria Osterwitz → Koralpenschutzhaus, 17 km, 7 h
Koralpenschutzhaus → Jakobskirche Soboth, 17,7 km, 6 h
Jakobskirche Soboth → Lavamünd, 20,3 km, 6 h
Anschlussstück Seckau → Geistthal
Seckau → Gleinalmschutzhaus, 29 km, 9 h,
Gleinalmschutzhaus → Geistthal, 15 km, 4,5 h

Info www.jakobsweg-weststeiermark.at
www.steiermark.com/pilgern
Verein zur Förderung der Steirischen Jakobswege
Reini Waldhaus
Am Kainachbogen 25, 8572 Bärnbach
T: +43 (0)676 8461 55320
E: jakobsweg-weststeiermark@gmx.at
TRV Süd & West Steiermark
Hauptplatz 36, 8530 Deutschlandsberg
T: +43 (0)3462 43152, E: office@sws.st
www.sued-west-steiermark.at

Jakobsweg Kärnten und Osttirol

SLOWENIEN • KÄRNTEN • TIROL

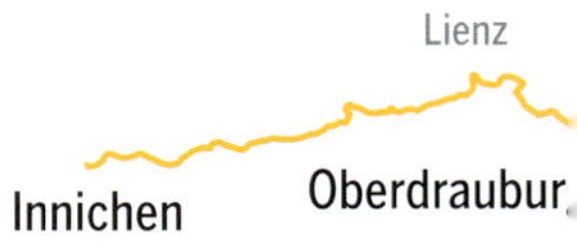

Durch den Süden Österreichs

Der Jakobsweg im Süden Österreichs verbindet Menschen verschiedener Nationen: Er führt aus Slowenien nach Österreich, um dann in Italien seine Fortsetzung zu finden. Von Slowenien oder der Steiermark aus (Jakobsweg Weststeiermark, siehe S. 122 ff.) nimmt der Jakobsweg Kärnten bei Lavamünd seinen Anfang und folgt dem Drautal in zehn Tagesetappen durch Kärnten bis nach Oberdrauburg, wo er seine Fortsetzung im Jakobsweg Osttirol mit weiteren drei bis vier Etappen erfährt. Wer möchte, kann die erste Etappe aber auch bereits auf slowenischer Seite in Dravograd/Unterdrauburg beginnen.

Entlang der etwa 240 Kilometer durch Kärnten werden etliche Jakobskirchen passiert: unscheinbar und verborgen wie die Jakobskirche von Rabenstein bei Lavamünd, künstlerisch spannend ausgestaltet wie in St. Jakob im Rosental, groß und geschichtsträchtig wie die Jakobskirche der Stadtpfarre Villach-St. Jakob oder inmitten ruhiger Ortschaften gelegen wie St. Jakob ob Ferndorf.
Wie viele Pilgerwege in Kärnten führt der Jakobsweg durch die Ruhe der Natur, über sanfte Waldböden, durch romantische Dörfer, aber auch über die asphaltierten Wege der Städte, oft auf schmalen Pfaden und manchmal wieder auf einem breiten Radweg. Jeder Schritt lässt hier den Pilger Neues erspüren und erfahren. Ob es sich bei der aktuellen Route um den historischen Weg handelt, lässt sich nicht genau belegen. Fest steht jedoch,

dass sich schon in früheren Jahrhunderten Pilger durch Kärnten hindurch auf den Weg zum Grab des hl. Jakobus gemacht haben und es einen Zubringerweg von Steiermark und Slowenien nach Tirol gegeben hat.

Die erste Etappe des Jakobsweges von Dravograd/Unterdrauburg in Slowenien nach Neuhaus verläuft eben und erlaubt immer wieder schöne Ausblicke hin zur Drau. Kurz nach der Ortschaft Vič kommt man nach Österreich. Bei Lavamünd erfolgt auch die Einbindung des weststeirischen Jakobsweges, der von Graz kommend über die Passstraße Soboth nach Kärnten führt. In der Ortschaft Rabenstein befindet sich die erste Jakobskirche des Kärntner Jakobsweges.

Auf der folgenden Tagesetappe ist man, abgesehen von kurzen Abschnitten, ständig der Sonne ausgesetzt. Das ist vor allem im Sommer zu berücksichtigen. Es kommt hier durchaus ein Gefühl auf, das an die Hitze auf dem Weg über die spanischen Hochebenen erinnert. Da es unterwegs nur wenige Einkehrmöglichkeiten gibt, empfiehlt es sich, ausreichend Trinkwasser mitzunehmen.

Durch die Region Klopeinersee mit der Jakobskirche von Klopein führt die dritte Etappe zur Jakobskirche von Gallizien, wobei ein Zwischenstopp mit einem abkühlenden Sprung in den herrlichen Klopeinersee durchaus anzuraten ist. Da der Jakobsweg hier durch eine beliebte Urlaubsregion führt, ist zu

empfehlen, sich rechtzeitig um Quartiere zu kümmern beziehungsweise vorzureservieren.
Abwechslungsreich verläuft der nächste Abschnitt in die alte Büchsenmacherstadt Ferlach: Man ist sowohl durch Wälder als auch direkt am Radweg neben der Drau unterwegs. Eine Einkehrmöglichkeit gibt es allerdings nur im Restaurant am Campingplatz Rosental.
Weitestgehend flach verläuft der Jakobsweg durch das Rosental und genussreich ist der Blick auf die abwechslungsreiche Landschaft entlang zahlreicher idyllisch gelegener Orte, gerahmt von der südlich vorgelagerten Kulisse der Karawanken. Beim Aufstieg zur Pfarrkirche in St. Jakob sind zum Abschluss des Tages ein paar Höhenmeter zu bewältigen.
Das anschließende Stück führt durch die ebenfalls vom Tourismus stark geprägte Region Faakersee nach Villach. Die dortige Stadtpfarrkirche zum heiligen Jakobus ist die Hauptkirche am Kärntner Jakobsweg. In ihrem mächtigen Turm befindet sich eine sehenswerte Ausstellung zum Jakobsweg Kärnten.
Ist das Stadtgebiet von Villach durchschritten, geht es ab Feistritz im Drautal etwas bergauf. Zu berücksichtigen ist bei diesem Abschnitt, dass man ungeschützt jeder Witterung ausgesetzt ist, unabhängig ob Sonne oder Regen, da der Weg die meiste Zeit im offenen Gelände verläuft. Am Ende dieser Etappe wird man wiederum von der Jakobskirche St. Jakob ob Ferndorf erwartet.
Die erste Hälfte der nächsten Tagesetappe verläuft vorwiegend auf Waldwanderwegen entlang des Bergrückens zwischen dem Drautal und dem Millstättersee. Am Insberg sollte man die Gelegenheit nutzen, beim Gasthaus Alpenrose einen Abstecher zu den drei Kreuzen zu machen, einer barocken Kreuzigungsgruppe an einem herrlichen Aussichtspunkt. Eine längere Rast lohnt sich ebenso am idyllischen Egelsee kurz vor Spittal an der Drau, der zu einem kühlen Bad einlädt. In Spittal empfiehlt sich eine Besichtigung von Schloss Porcia und am Ende der Tagesetappe in Lendorf angekommen, ist das Römermuseum Teurnia einen Besuch wert.

Idyllischer Rastplatz am Egelsee zwischen dem Drautal und dem Millstätter See.

Die weitere Strecke führt an ruhigen Uferwegen entlang der Drau. So geht es rasch voran und es bleibt genügend Zeit, die umgebende Landschaft zu genießen. Ein Zwischenstopp bei der Filialkirche zum hl. Georg in Gerlamoos mit den berühmten Fresken des Thomas von Villach sollte unbedingt einplant werden.
Die letzte Tagesetappe in Kärnten ist wiederum sehr abwechslungsreich. Es geht bergauf und bergab, asphaltierte Abschnitte wechseln mit Schotter- und Waldwegen und es bieten sich herrliche Ausblicke ins Tal und auf die gegenüberliegenden Berghänge, ehe der Weg die Grenze nach Tirol passiert.

Der Jakobsweg Osttirol führt von Nikolsdorf an der Grenze von Kärnten und Tirol im oberen Drautal entlang des Flusses zum Südtiroler Jakobsweg in Italien. Hier ist zu entscheiden, ob man dann über den Brenner nach Tirol und Innsbruck und danach über den Arlberg pilgert oder nach Müstair, wo der Graubündner Jakobsweg in die Schweiz beginnt, der einen mehr alpinen Charakter hat.
Die erste Etappe am Osttiroler Jakobsweg führt von Kärnten kommend über Nikolsdorf in die Bezirkshauptstadt Lienz, das

Zentrum Osttirols. In der beliebten Einkaufs- und Kulturstadt fließt die Isel in die Drau und belebt den davor noch sehr ruhig dahinfließenden Draubach deutlich.
Schöne Ausblicke hinab ins Tal ebenso wie auf die mächtig aufsteigenden Berge prägen die nächsten Kilometer auf der Sonnenseite des oberen Drautals. Bald folgt der etwas fordernde Aufstieg nach Assling, einer Gemeinde, die sich etwa 20 Kilometer entlang des Tales erstreckt. Von der Kirche im Ortsteil Unterassling geht es den Hang entlang, eine Reihe von idyllischen Weilern und Bauernhöfen werden durchquert, ehe man zum Kristeinbach kommt, der von Norden her in die Drau fließt. Vorbei an der Kirche St. Justina wird dieses Seitental überwunden und man gelangt auf der anderen Seite zur Pustertaler Höhenstrasse, der durch Anras hindurch bis nach Winkl, einem Ortsteil von Abfaltersbach, zu folgen ist.
Die nächste ist zugleich die letzte Etappe des südlichsten Jakobsweges in Österreich: Das Etappenziel Innichen/San Candido liegt bereits auf der italienischen Seite. Wer sich mehr Zeit lassen möchte, kann diese Etappe aber auch teilen und nur bis Sillian gehen, um dann am nächsten Tag nach Innichen weiterzuziehen. Von Winkl-Abfaltersbach geht es zuerst nach Strassen mit der Pfarrkirche zum hl. Jakobus, welche bereits 1293 erwähnt wurde. Über Tessenberg und Heinfels mit seiner mächtigen Burg, errichtet vermutlich von versprengten Hunnen und als die „Königin des Pustertals" bezeichnet, wird Sillian erreicht. Nun ist die Grenze schon recht nahe, die aber in den Köpfen der Menschen kaum mehr wahrzunehmen ist. Eine enge Beziehung zueinander besteht dies- und jenseits der Grenze, und so gelangt man fast unmerklich nach Italien. Sehenswert ist hier die Kirche des ehemaligen Benediktinerstifts Innichen: ein bedeutender romanischer Sakralbau aus dem 12. Jahrhundert mit Kuppelfresken, welche die Schöpfungsgeschichte darstellen. Aber auch das gotische Fresko des Michael Pacher beeindruckt.

Jakobsweg Kärnten: Dravograd → Oberdrauburg

Weglänge etwa 237 km

Höhenlage 340 m bis 909 m Seehöhe

Höhenmeter Aufstieg 4 997 hm, Abstieg 4 725 hm

10 Etappen Dravograd (Slo) → Neuhaus, 15 km, 4 h
Neuhaus → Edling, 19 km, 5 h
Edling → Gallizien, 22,7 km, 6,5 h
Gallizien → Ferlach, 26 km, 6,5 h
Ferlach → St. Jakob im Rosental, 25 km, 6,5 h
St. Jakob im Rosental → Villach, 27 km, 7 h
Villach → St. Jakob ob Ferndorf, 27 km, 7 h
St. Jakob ob Ferndorf → St. Peter in Holz/Lendorf, 20,5 km, 5,5 h
St. Peter in Holz/Lendorf → Steinfeld, 27 km, 7 h
Steinfeld → Oberdrauburg, 28 km, 7,5 h

Jakobsweg Osttirol: Oberdrauburg → Innichen

Weglänge etwa 82 km

Höhenlage 640 m bis 1338 m Seehöhe

Höhenmeter Aufstieg: 1 572 hm, Abstieg: 1 081 hm

3 Etappen Oberdrauburg → Lienz, 28 km, 6,5 h
Lienz → Winkl/Abfaltersbach, 29 km, 9 h
Winkl/Abfaltersbach → Innichen (I), 25 km, 7,5 h

Info www.pilgerwege-kaernten.at
www.jakobswege-a.eu
www.camino-europe.eu
ARGE Pilgern in Kärnten
Tarviser Straße 30, 9020 Klagenfurt am Wörthersee
T: +43 (0)463 5877 2115, E: info@pilgerwege-kaernten.at
Projektmanagement Jakobsweg Tirol
Pillerseetal Regionalentwicklungs GmbH
Regio-Tech 1, 6395 Hochfilzen
T: +43 (0)5359 90501 1002, E: info@jakobsweg-tirol.net

AUF DEN SPUREN GROSSER HEILIGER

Den Heiligen vertrauend

Pilgerwege auf den Spuren großer Heiliger

Früh waren im Christentum die Gräber der Apostel, Märtyrer und heiligmäßig lebender Menschen das Ziel von Wallfahrten und Pilgerreisen. An diesen Stätten empfand man eine besondere Verbundenheit mit ihnen und infolgedessen ein besonders starkes Vertrauen in ihre Fürsprache. Viele Kirchen entstanden über den Gräbern dieser Heiligen. Schon am Weg dorthin konnte man das vorbildhafte Leben dieser Christen betrachten.
So gibt es auch in Österreich bedeutsame Pilgerziele, welche entweder mit dem Grab einer oder eines Heiligen verbunden sind oder mit Orten, an denen diese machtvoll gewirkt haben.

976 soll sich der hl. Wolfgang aus Regensburg in das Gebirge am Ufer des Abersees, der später dann Wolfgangsee heißen sollte, zurückgezogen und dort als Einsiedler gelebt haben. 1052 wurde er heiliggesprochen und damit entwickelte sich ein wahrer Pilgerboom. Neben Rom und Santiago war St. Wolfgang im Mittelalter das drittgrößte Pilgerziel Europas.

Die Hemmapilgerwege gehen wiederum auf die Krainer Wallfahrt zurück, welche seit 1607 von Slowenien aus an das Grab der Heiligen nach Gurk in Kärnten führt. Das heutige Wegenetz verbindet Wirkstätten und Stiftungen der hl. Hemma mit ihrem Grab in der Krypta des Gurker Domes.

Der Martinusweg durch Österreich ist Teil eines großen Projekts, welches den Geburtsort des hl. Martin in Szombathely/Steinamanger in Ungarn mit Tours in Frankreich verbindet, wo er als Bischof gewirkt hat. Dazu gibt es ähnlich den Jakobswegen bereits ein Wegenetz, wobei die Mittelroute durch Österreich führt.

Der Benediktweg ist seit 2009 verbunden mit dem Anliegen, Klöster und Orte benediktinischer Spiritualität in Europa zu verknüpfen. Ähnlich dem Martinusweg soll durch Europa hindurch das alte Benediktinerkloster Pluscarden in Schottland mit Montecassino in Italien verbunden werden. Weitere Wege auf den Spuren der Heiligen sind der St. Rupert Pilgerweg und der Leonhardsweg mit den dazugehörigen Pilgerzielen Bischofshofen und Tamsweg im Land Salzburg.

Benediktweg

OBERÖSTERREICH • STEIERMARK • KÄRNTEN • SLOWENIEN

Von Kloster zu Kloster

Benedikt von Nursia (um 480–547), Ordensgründer der Benediktiner, gilt als der Vater des abendländischen Mönchtums und stand Pate für den Benediktweg. Er wurde anlässlich der 200-Jahr-Feier der Wiederbesiedelung des Stiftes St. Paul im Lavanttal im Jahr 2009 errichtet. 1809 war es durch Mönche, die aus St. Blasien vertrieben und in Spital am Pyhrn Station gemacht hatten, wiederbesiedelt worden. Die ursprüngliche Pilgerstrecke führte somit von Spital am Pyhrn nach St. Paul im Lavanttal und verbindet die drei Bundesländer Oberösterreich, Steiermark und Kärnten ebenso wie die benediktinischen Zentren Admont, Seckau und St. Paul.

Der nächste Schritt war im Jahr 2011 die südliche Erweiterung ins slowenische Gornji Grad/Obernburg. Dort wurde bereits 1140 ein Benediktinerkloster gegründet.

Die Kathedrale mit ihrer barocken Kuppel ist heute die größte Kirche Sloweniens und mit zahlreichen Bildwerken von Martin Johann Schmidt (1718–1801), dem sogenannten Kremser Schmidt, ausgestattet.

In nördlicher Richtung, also von Spital am Pyhrn nach Kremsmünster und weiter nach Passau, wird derzeit an einer Pilgerstrecke gearbeitet, ebenso wie an einer Fortsetzung des Weges über Slowenien in Richtung Italien und Montecassino, wo Benedikt 529 ein Kloster errichtete. Von Aquilea aus kann man bereits über Padua, Ravenna, La Verna, Assisi, Norcia und Subiaco auf italienischen Pilgerwegen die große Klosterburg in Mittelitalien erreichen. Mit der Vision, Grenzen zu überschreiten und Menschen und Kulturen zu verbinden, entsprechend dem Motto „Pilgern von Kloster zu Kloster" soll der Benediktweg in absehbarer Zeit von Pluscarden in Schottland bis nach Montecassino in Italien quer durch Europa führen und Orte benediktinischer Spiritualität verbinden.

Den Ausgang nimmt der heutige Benediktweg in der barocken Stiftskirche von Spital am Pyhrn. Ausgestattet ist die Kirche mit vier sehenswerten Altarbildern des Kremser Schmidt, der damit auch einen Bogen zum Ziel, der Kathedrale von Gornji Grad spannt. Von dort geht es durch die Dr. Vogelsang-Klamm zur Bosruckhütte, über das Rohrauerhaus weiter auf romantischen Waldsteigen zum Pyhrgasgatterl, welches die Landesgrenze von Oberösterreich und der Steiermark bildet. Entlang einer Forststraße und dem Salzlehrpfad führt der Weg durch die Auenlandschaft der Eßling bis nach Admont. Die dortige Benediktinerabtei wurde 1074 mit den Besitzungen der hl. Hemma von Gurk gegründet und ist das älteste bestehende Kloster der Steiermark. Das Stift enthält die größte Klosterbibliothek der Welt und ein modernes Museum – ein Zentrum von Wissenschaft und Kunst.

Durch die Kaiserau, eine Hochebene südlich von Admont, führt der weitere Weg nach Trieben und der Passstraße entlang hinauf nach Hohentauern. Hier gibt es auch eine westliche Variante nach Hohentauern.

Für den nächsten Abschnitt gibt es zwei Möglichkeiten: Die Sommervariante führt durch das romantische Triebental steil aufwärts zum Kettentörl und durch den Ingeringgraben ins Hochtal von Seckau. Alternativ kann man wetterunabhängig mit den öffentlichen Verkehrsmitteln nach Möderbrugg talauswärts fahren und sich das lange Gehen entlang der Straße ersparen. Von Möderbrugg geht es über das Sommertörl und den Gaalgraben nach Ingering II, wo man in das Hochtal von Seckau eintritt und zur romanischen Basilika von Seckau weiterpilgert. Die Abtei war ursprünglich ein Augustiner-Chorherrenstift und wurde nach dessen Auflösung erst im Jahr 1883 durch Benediktiner der Erzabtei Beuron neu besiedelt. Von 1218 bis 1782 war es auch Bischofsitz der Diözese Graz-Seckau und religiöses Zentrum der Steiermark.

Von Seckau führt der Weg nun nach Knittelfeld und an Zeltweg vorbei zur gotischen Wallfahrtskirche Maria Buch, die als eine der ältesten Wallfahrtskirchen der Steiermark gilt. Zu den Kostbarkeiten der Kirche zählen neben dem frühbarocken Hochaltar von Michael Hönel (um 1590 bis um 1653) das überlebensgroße gotische Kruzifix und der silberne Tabernakel.

Die nächste Etappe bringt den Benediktwegpilger über den Obdachersattel, einen wichtigen Handelsübergang bereits in römischer Zeit, nach Reichenfels und Bad St. Leonhard im Lavanttal. Damit ist nun Kärnten erreicht. Dank seiner Schwefelquelle und dem Preblauer Sauerwasser entwickelte sich die Stadt im 20. Jahrhundert zu einem modernen Kurort. Vorbei an der Preblauer Paracelsusquelle geht es danach bergauf nach

oben: Benediktinerstift St. Paul im Lavanttal.
unten: Der Ingeringsee inmitten der Seckauer Tauern.

Gräbern, wo der Ehegatte der hl. Hemma von Gurk begraben sein soll und weiter in Richtung Süden, der Bezirksstadt Wolfsberg entgegen. 1007 erwarb das Bistum Bamberg bereits das Gebiet rund um Wolfsberg und baute die Stadt zum Verwaltungszentrum der Bamberger in Kärnten aus, das es bis 1759 blieb. Danach wurde Wolfsberg habsburgisch.
Fast eben und durchgehend entlang der Lavant führt die anschließende Etappe nach St. Andrä. 1228 wurde hier das Bistum Lavant gegründet. Die Domkirche zum hl. Andreas war bis 1859 Sitz des Bischofs von Lavant. Bischof Anton Martin Slomšek (1800–1862) verlegte den Bischofssitz nach Maribor/Marburg, wobei der Kärntner Anteil an die Diözese Gurk ging. Im Jahre 1647 wurde in St. Andrä auch die sehenswerte Wallfahrtskirche Maria Loreto errichtet, welche 2014 zur Basilika erhoben wurde. Nun sind es nur mehre wenige Kilometer zum Ziel, die romanische Benediktinerabtei St. Paul im Lavanttal, das geistige Zentrum des Benediktweges in Österreich. Bereits 1091 gegründet, blickt das älteste Kloster Kärntens auf eine sehr wechselvolle Geschichte zurück. Besondere Bedeutung kommt dem Stift durch seine Kunst- und Büchersammlung zu. Mit dem „Schatzhaus Kärnten“ ist dem Stift ein modernes Museum angeschlossen. Zudem betreibt die Abtei ein privates Stiftsgymnasium.

Auf Wald- und Feldwegen führt der Benediktweg weiter am Fuß des Josefsbergs und später über den Nussberg mit einem wunderbaren Panorama über das untere Lavanttal weiter bis Lavamünd, wo die Lavant in die Drau fließt. Lavamünd ist ein regelrechter Pilgerknotenpunkt, führen doch auch der weststeirische und slowenische Jakobsweg sowie der Kärntner Mariazellerweg hierher. Entlang der Drau geht es nun bis zur Staatsgrenze nach Slowenien und in die „Dreitälerregion“ von Drau, Meža und Mislinja. Über Slovenj Gradec, Sv. Danijel, Mozirje, Nazarje wird schließlich das vorläufige Ziel des Benediktweges, die barocke Kathedrale von Gornji Grad, erreicht.

Strecke	Spital am Pyhrn → Gornji Grad (SLO)
Weglänge	etwa 271 Kilometer plus 80 km als Varianten
Höhenlage	335 m bis 1320 m Seehöhe
Höhenmeter	Aufstieg: 7 274 hm, Abstieg: 7 494 hm
11 Etappen	Spital am Pyhrn → Admont, 17,9 km, 7 h Admont → Hohentauern, 20 km, 6 h Hohentauern → Seckau, 50,3 km, davon ab Möderbrugg 28,5 km zu Fuß, 7,5 h Seckau → Maria Buch, 23,9 km, 6,5 h Maria Buch → Bad St. Leonhard, 29,9 km, 8 h Bad St. Leonhard → Wolfsberg, 19,6 km, 5,5 h Wolfsberg → St. Paul im Lavanttal, 17,6 km, 4,5 h St. Paul im Lavanttal → Šentjanž pri Dravogradu, 26,3 km, 7 h Šentjanž pri Dravogradu → Sv. Danijel, 25,4 km, 7 h Sv. Danijel → Nazarje, 23,2 km, 7 h Nazarje → Gornji Grad, 15 km, 4 h
Info	www.benedikt-bewegt.at www.pilgerwege-kaernten.at www.steiermark.com/pilgern **Verein Benedikt beWegt/Stiftspfarre St. Paul** Hauptstraße 1, 9470 St. Paul im Lavanttal T: +43 (0)4357 2019 54, E: office@benedikt-bewegt.at **Tourismusverband Gesäuse** Hauptstraße 35, 8911 Admont T: +43 (0)3613 21160 10, E: info@gesaeuse.at www.gesaeuse.at **Urlaubsregion Murau-Murtal** Burggasse 69, 8750 Judenburg T: +43 (0)3572 44249, E: urlaub@murtal.at www.murau-murtal.com

Hemmapilgerwege

SLOWENIEN • STEIERMARK • KÄRNTEN

Auf Hemmas Spuren nach Gurk

Die Entstehung des Hemmapilgerweges geht auf die sogenannte Krainer Wallfahrt – ausgehend von Krain in Slowenien – nach Gurk zum Grab der hl. Hemma zurück. Sie ist erstmals für das Jahr 1607 nachgewiesen und bildet den Kern für die beiden Hauptrouten, welche aus Slowenien kommend nach Gurk führen. Initiiert wurde der Hemmapilgerweg Anfang dieses Jahrhunderts vom ehemaligen Kärntner Bischof Alois Schwarz in Zusammenarbeit mit den Regionen Mittel- und Unterkärnten sowie Partnern in der Steiermark und Slowenien. Geplant wurde eine Wegstrecke in Form der Zahl Acht mit Admont als

nördlichstem, Krško/Gurkfeld als südlichstem, Stara Fužina/Althammer als westlichstem und Ptuj/Pettau als östlichstem Punkt. Damit sollten bedeutsame Orte im Leben der hl. Hemma miteinander verbunden werden.
Die Pilgerrouten auf slowenischer Seite sind aktuell leider nicht voll intakt, das heißt, sie sind nicht markiert und nicht als Pilgerwanderwege in den diversen Publikationen erfasst. Pilgern entlang der alten Wallfahrtsrouten ist aufgrund einiger Wegbeschreibungen und prägnanter Etappenorte zwar möglich, erfordert aber eine gute Vorbereitung und Orientierung sowie Wandererfahrung. Nähere Informationen dazu bietet die ARGE Pilgern in Kärnten.

In Österreich ist der Hemmapilgerweg in seiner heutigen Form ein Netz an Pilgerwegen, bestehend aus acht Pilgerrouten nach Gurk. Sie führen von verschiedenen Ausgangspunkten an das Grab der hl. Hemma in der hundertsäuligen Krypta des Gurker Doms, des spirituellen Zentrums der Hemma-Verehrung in Kärnten und darüber hinaus.

Zwei Hauptrouten kommen aus Slowenien über Sveta Ana oder Črna na Koroškem, eine dritte aus der Steiermark ausgehend von Admont. Die weiteren Routen führen die Pilger aus Kärnten von der Turracher Höhe, Stift Millstatt, Stift Ossiach und der Pfalzkirche Karnburg und aus der Steiermark über St. Hemma bei Edelschrott nach Gurk.
Alle Strecken sind von unterschiedlicher Länge und Schwierigkeit und ermöglichen es den Pilgern, eine leichtere Variante zu wählen oder, so es die Zeit erlaubt, länger unterwegs zu sein und die zahlreichen spirituellen und kulturellen Schätze des Landes kennenzulernen.

Auf der **Route 1**, ausgehend von Sveta Ana in Slowenien, ist man sieben Tage nach Gurk unterwegs. Hier überschreitet man

Statue der hl. Hemma im Stiftshof von Gurk mit dem Modell des Gurker Domes.

am alten Loiblpassübergang die Grenze zu Österreich und erlebt die landschaftlichen Reize des Loibltales mit seiner seltenen Pflanzenwelt und dem beeindruckenden Naturschauspiel der Tscheppaschlucht mit dem talwärts tosenden Wildbach.
Am zweiten Tag wird nach Ferlach, der Büchsenmacherstadt im Rosental, die Überfahrt über die Drau bei Glainach zum Erlebnis. So man vorab den Fährmann verständigt hat, wird der Pilger nach alter Tradition über die Drau geführt. Aktuelle Informationen liefert die Homepage der ARGE Pilgern in Kärnten.
Alternativ geht der Weg über das Kraftwerk Ferlach-Maria Rain hinauf zum Wallfahrtsort Maria Rain, von dort zieht man nach Klagenfurt weiter. Der Weg führt danach über Maria Saal und den Magdalensberg, von wo sich eine herrliche Aussicht über Mittelkärnten bietet, bis nach St. Georgen am Längsee, erreicht

über die Wallfahrtskirchen Maria Hilf und Maria Waitschach die Burgenstadt Friesach und führt schließlich ins Gurktal.

Die **Route 2**, deren Ausgangspunkt im slowenischen Ort Črna na Koroškem liegt, führt über den Grenzübergang Raunjak nach Bleiburg. Hier erinnern ein Hemmabrunnen und sechs Glasfenster in der Pfarrkirche an die Geschichte der Landesheiligen. Wichtige Station am weiteren Weg sind Globasnitz und der Hemmaberg. Dieser beheimatet einen der ältesten Wallfahrtsorte Europas. Zeugnis davon geben die Ausgrabungen eines großen frühchristlichen Kirchenkomplexes. Die heutige Wallfahrtskirche, die der hl. Hemma und der hl. Dorothea geweiht ist, birgt einige bildliche Zeugnisse der Hemmaverehrung in dieser Region. Ausgestattet mit dem Heilwasser der nahegelegenen Rosaliengrotte, geht der Weg weiter über das Stift Eberndorf nach Völkermarkt. Die nächsten bedeutenden Ziele am Weg sind Diex auf der Saualm, Hochfeistritz und die Wallfahrtskirche Maria Hilf. Hier kann man sich entscheiden, ob man den kürzeren und direkten Weg über Treibach-Althofen nach Gurk wählt, oder sich einen Tag länger Zeit lässt und über Maria Waitschach und Friesach nach Gurk pilgert.

Das Wirken Hemmas reichte weit über die Grenzen Kärntens hinaus: So geht die Gründung von Admont in der Steiermark, dem Ausgangspunkt des steirischen Hemmapilgerweges und Startpunkt der **Route 3** auf sie zurück. Vom Stift Admont mit seiner Bibliothek, welche als die größte Klosterbibliothek der Welt gilt, führt der Weg über Frauenberg mit der Wallfahrtskirche Mariä Opferung und über Selzthal nach Lassing. Danach geht es noch ein Stück durch das Ennstal, um bald Richtung Süden ins Donnersbachtal abzuzweigen, wo nun die Überschreitung der Niederen Tauern beginnt.
Die folgende Etappe ist bestimmt die anspruchsvollste im ganzen Streckennetz der Hemmapilgerwege, führt sie doch über das

Glattjoch mit der gleichnamigen Kapelle auf 1989 m Seehöhe nach Oberwölz, in die kleinste Stadt der Steiermark mit einem noch vorwiegend mittelalterlich geprägten Stadtkern. Herausfordernd ist ebenfalls der nächste Abschnitt über die Stolzalpe nach Murau, bringt er doch einige Höhenmeter mit sich. Über das Benediktinerstift St. Lambrecht im Naturpark Zirbitzkogel-Grebenzen und den romantischen Auerlingsee erreicht der Weg Kärnten und strebt über Metnitz mit seinen Totentanzfresken und dem dazugehörigen Museum dem Ziel in Gurk zu.

Die **Route** 4 führt aus der Steiermark von der Filialkirche St. Hemma bei Edelschrott an das Grab der hl. Hemma. Über die Hirschegger Alpe geht es zuerst Richtung Bad St. Leonhard und danach in einem langen Aufwärtsstück auf das Klippitztörl. Am Weg liegt Gräbern, in dessen Kirche Hemmas Gemahl, Wilhelm von der Sann, begraben sein soll. Der Weg führt weiter über den Eisenwurzenweg in die Norische Region und erreicht über den Norischen Panoramaweg Hüttenberg mit seiner Bergbautradition und dem Heinrich-Harrer-Museum. Von Hüttenberg geht der Weg nach Friesach und weiter nach Gurk.

Innerkärntnerisch führen noch über die Nockberge drei Routen zum Gurker Dom und an das Grab der Heiligen. Die längste Strecke mit 86 Kilometern (**Route 5**) ist jene vom Stift Millstatt nach Gurk, danach kommen die Routen von der Turracher Höhe an der steirisch-kärntnerischen Grenze mit 60 Kilometern, und vom Stift Ossiach mit 47 Kilometern (**Route 6 und** 7). Für ein Wochenende eignet sich schließlich noch die **Route 8**, welche in zwei Tagesetappen von Karnburg nach Gurk führt.

Zu beachten gilt auf den Hemmawegen, dass die Markierungen teilweise fehlen. Die Routen sind jedoch digital gut erfasst, ebenso liegt entsprechendes Kartenmaterial auf und mit einer entsprechenden Tourenplanung sind die Wege gut zu bewältigen.

Weglänge	gesamt etwa 950 km (inkl. Varianten)
Höhenlage	387 m bis 1 989 m Seehöhe

Hemma Pilgerweg

Route 1	Sveta Ana (SLO) → Gurk
Weglänge	151 km
Höhenlage	466 m bis 1366 m Seehöhe
5–7 Etappen	Sveta Ana → Ferlach, 19,4 km, 6 h
	Ferlach → Klagenfurt, 24,7 km, 6,5 h
	Klagenfurt → Maria Saal, 14 km, 3,5 h
	Maria Saal → St. Georgen a. Längsee, 23,5 km, 6 h
	Direktwegvariante St. Georgen → Gurk, 27,2 km, 8 h
	St. Georgen → Guttaring, 23,2 km, 6 h
	Direktwegvariante Guttaring → Gurk, 25,2 km, 6,5 h
	Guttaring → Friesach, 25,8 km, 7 h
	Friesach → Gurk, 20,1 km, 6 h

Route 2	Črna na Koroškem (SLO) → Gurk
Weglänge	165 km
Höhenlage	387 m bis 1 162 m Seehöhe
6–8 Etappen	Črna na Koroškem → Feistritz ob Bleiburg, 32,2 km, 9 h
	Feistritz ob Bleiburg → Völkermarkt, 24,8 km, 6 h
	Völkermarkt → Diex, 26,8 km, 7 h
	Diex → Eberstein, 21,1 km, 5,5 h
	Eberstein → Guttaring, 14,5 km, 4
	Direktwegvariante Guttaring → Gurk, 25,2 km, 6,5 h
	Guttaring → Friesach, 25,8 km, 7 h
	Friesach → Gurk, 20,1 km, 6 h

Route 3	Admont → Gurk
Weglänge	185 km
Höhenlage	620 m bis 1 989 m Seehöhe
7 Etappen	Admont → Lassing, 26,4 km, 9 h
	Lassing → Donnersbachwald, 34,5 km, 9,5 h
	Donnersbachwald → Oberwölz, 30,4 km, 10 h

	Oberwölz → Murau, 30,9 km, 10 h
	Murau → St. Lambrecht, 16,1 km, 5,5 h
	St. Lambrecht → Metnitz, 22,5 km, 8 h
	Metnitz →Gurk, 24,2 km, 7,5 h

Route 4	St. Hemma bei Edelschrott → Gurk
Weglänge	109 km
Höhenlage	632 m bis 1794 m Seehöhe
5 Etappen	St. Hemma → Schiefling i. Lavanttal, 20,4 km, 6,5 h
	Schiefling i. Lavanttal → Klippitztörl, 23,9 km, 8 h
	Klippitztörl → Hüttenberg, 22,3 km, 6 h
	Hüttenberg → Friesach, 22,5 km, 7 h
	Friesach → Gurk, 20,1 km, 6 h

Route 5	Turrach → Gurk
Weglänge	60 km
Höhenlage	661 m bis 1805 m Seehöhe
3 Etappen	Turracherhöhe → Hochrindl, 20,1 km, 5 h
	Hochrindl → Weitensfeld, 23,9 km, 6 h
	Weitensfeld → Gurk, 15,4 km, 4 h

Route 6	Millstatt → Gurk
Weglänge	86 km
Höhenlage	608 m bis 1651 m Seehöhe
4 Etappen	Millstatt → Bad Kleinkirchheim, 26,3 km, 8 h
	Bad Kleinkirchheim → Zedlitzdorf, 13 km, 4 h
	Zedlitzdorf → Albeck/Sirnitz, 19,6 km, 5,5 h
	Albeck/Sirnitz → Gurk, 27,4 km, 7,5 h

Route 7	Ossiach → Gurk
Weglänge	47 km
Höhenlage	498 m bis 1163 m Seehöhe
2 Etappen	Ossiach → Steuerberg, 24,1 km, 6 h
	Steuerberg → Gurk, 22,5 km, 6 h

Route 8	Karnburg → Gurk
Weglänge	42 km
Höhenlage	469 m bis 1125 m Seehöhe
2 Etappen	Karnburg → St. Veit a. d. Glan, 16,2 km, 4,5 h St. Veit a. d. Glan – Gurk, 26 km, 7 h

Info

www.pilgerwege-kaernten.at
www.steiermark.com/pilgern
ARGE Pilgern in Kärnten
Tarviser Straße 30, 9020 Klagenfurt am Wörthersee
T: +43 (0)463 5877 2115, E: info@pilgerwege-kaernten.at

Auskünfte für die Wegabschnitte in der Steiermark:
Tourismusverband Gesäuse
Hauptstraße 35, 8911 Admont
T: +43 (0) 3613 21160 10, E: info@gesaeuse.at
www.gesause.at
Schladming-Dachstein Tourismusmarketing GmbH
Ramsauerstraße 756, 8970 Schladming
Tel. +43 (0)3687 23310
E: info@schladming-dachstein.at
www.schladming-dachstein.at
Urlaubsregion Murau-Murtal
Burggasse 69, 8750 Judenburg
T:+43 (0)3572 44249, E: urlaub@murtal.at
www.murau-murtal.com

Leonhardsweg

SALZBURG • KÄRNTEN

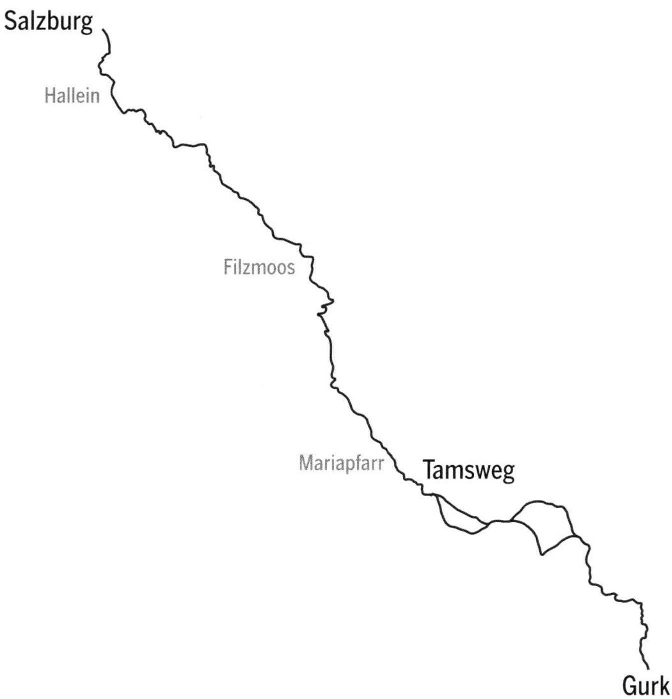

Zwei Dome, ein Ziel: der Leonhardsweg von Salzburg und Gurk nach Tamsweg

Die Kirche St. Leonhard in Tamsweg zählte im Mittelalter neben Mariazell und St. Wolfgang zu den bedeutendsten Wallfahrtsorten Österreichs. Schon im 15. Jahrhundert wurde das Wallfahrtswesen von der St. Leonhardbruderschaft betreut. Im Laufe des vergangenen Jahrhunderts ist es um die Wallfahrt nach St. Leonhard ruhiger geworden.

Seit 1990 gibt es nun nach uraltem Vorbild wieder eine Erzbruderschaft, die die Unterstützung der Wallfahrtskirche St. Leonhard, die Förderung der Wallfahrt dorthin und die Vertiefung des persönlichen Glaubenslebens der Mitglieder zum Ziel hat.

Mit der Renovierung der Kirche als spirituell wertvoller Ort sollte auch die Voraussetzung für eine Stärkung der seelischen und körperlichen Gesundheit der Pilger geschaffen werden.
Der Leonhardspilgerweg beginnt beim Dom in Salzburg und führt über Anif nach Grödig, wo sich eine Leonhardskirche befindet. Entlang der Königseeache geht es nach Hallein. Neben der dortigen Pfarrkirche befindet sich das Stille-Nacht-Museum. Franz Xaver Gruber, der die Melodie des weltberühmten Weihnachtsliedes schrieb, lebte hier 28 Jahre.
Bald ist Bad Vigaun, die Heiltherme vor den Toren Salzburgs, erreicht. Entlang der Taugl geht es durch das Europaschutzgebiet Tauglgries nach Kuchl zur Römerbrücke und von dort aufwärts zur Pfarrkirche St. Koloman.
Der Taugler Mundartkreuzweg begleitet den Pilger von der Kirche bis zum Ortsteil Wegscheid. Auf dem weiteren Weg zum Seewaldsee sollte man einen Abstecher zur Wilhelmskapelle einplanen, die als echter Kraftort gilt. Über Voglau und auf schattigen Waldwegen führt die Strecke nun nach Abtenau. Der Ort liegt inmitten einer einmaligen Naturkulisse und lädt zum längeren Verweilen ein.
Der nächste Abschnitt ist fast identisch mit dem St. Rupert-Pilgerweg, und man gelangt nach Annaberg, den Geburtsort des Malers Gottfried Kumpf. Über fast 880 Höhenmeter steigt der Weg nun zur Mahdalm auf, wobei man den markanten Doppelgipfel der Bischofsmütze stets vor Augen hat. Danach geht es wiederum abwärts nach Filzmoos. Seit Jahrhunderten pilgern die Menschen zum „Filzmooser Kindl", einem Gnadenbild, welches mit seinem goldenen Strahlenkranz in der Mitte der Kirche über dem Hochaltar zu finden ist.
Filzmoos in Richtung Ramsau verlassend, folgt man dem Flüsschen „Warme Mandling" und erreicht über die Johanneskapelle den Ort Mandling. Danach wird die Enns überschritten und der Aufstieg nach Forstau in Angriff genommen. Neben der Kirche befindet sich dort eine Lourdeskapelle mit originalen

Ziel vieler Pilger im Salzburger Land: das „Filzmooser Kindl".

Tropfsteinen aus dem französischen Wallfahrtsort. Neben der Kapelle lädt das Leonhardsbründl zu einer erholsamen Rast ein.

Über den Oberhüttensattel werden die Niederen Tauern überquert, wobei der blühende Almrausch im Frühsommer einen besonders prächtigen Anblick bietet. Abwärts führt der Weg ins schöne Weißpriachtal, Teil des UNESCO Biosphärenparks Salzburger Lungau. Entlang der Longa-Mäander kommt man nach Weißpriach mit der St. Rupertkirche, welche Fresken aus

dem 11. und 12. Jahrhundert beherbergt. Bald danach werden Mariapfarr und seine Wallfahrtskirche erreicht. Dort befindet sich auch ein Stille-Nacht-Museum, hat doch Joseph Mohr den Text des Liedes hier verfasst.
Nun sind es nur mehr acht Kilometer und das Ziel, die Wallfahrtskirche St. Leonhard, vollendet den Leonhardspilgerweg.

Vom Dom zu Gurk in Kärnten führt die südliche Pilgerstrecke (Route 2) in drei bis vier Tagen nach St. Leonhard.
Damit kann im Anschluss an den Hemmaweg an die vielen Pilgerwege im Land Salzburg angeknüpft werden. Von Gurk pilgert man in Gegenrichtung des Hemmaweges zuerst auf die Prekowa, wo der Weg Richtung Grades mit der Wehrkirche St. Wolfgang fortgesetzt wird. Am Ende des Tages gelangt man nach Metnitz mit den sehenswerten Totentanzfresken und dem dazugehörigen Museum.

Von Metnitz führt der Weg hinauf zur Frauenalpe, für deren Überquerung es mehrere Varianten gibt. Entweder man überschreitet den Berg zügig und nächtigt in St. Georgen im Murtal (Gesamtweg in drei Etappen), oder man nächtigt auf der Frauenalpe (vier Etappen für den gesamten Weg).
Ab der Frauenalpe stehen zwei Möglichkeiten zur Wahl: Entweder man steigt gleich ins Murtal hinab und wandert über St. Lorenzen in der Gemeinde St. Georgen/Murau auf dem Radweg nach Stadl (22 km, Aufstieg: 470 hm, Abstieg 1 140 hm), oder man wählt eine anspruchsvolle Gipfelwanderung (27 km, Aufstieg 1 250 hm, Abstieg 1 940 hm) und kommt so nach Stadl.

Von Stadl führt die schönere, wenngleich anstrengendere Variante über das „Lasaberger Alpl“, mit insgesamt fast 1 780 ansteigenden Höhenmetern nach Tamsweg zur Leonhardskirche. Von Stadl kann aber auch dem Radweg bis Tamsweg gefolgt werden.

Route 1	Salzburg → Tamsweg
Weglänge	etwa 145 km
Höhenlage	420 m bis 1 876 m Seehöhe
8 Etappen	Salzburg → Hallein, 18,2 km, 5 h
	Hallein → St. Koloman, 15,9 km, 5,5 h
	St. Koloman → Abtenau, 22,7 km, 7,5 h
	Abtenau → Filzmoos, 27,2 km, 9,5 h
	Filzmoos → Forstau, 14,3 km, 5,5 h
	Forstau → Oberhütte, 16,8 km, 5 h
	Oberhütte → Mariapfarr, 21,3 km, 6,5 h
	Mariapfarr → Tamsweg, 8,1 km, 2 h
Route 2	Gurk → Tamsweg
Weglänge	etwa 104 bis 110 km, je nach Variante
Höhenlage	660 m bis 2 169 m Seehöhe
4 Etappen	Gurk → Metnitz, 24,5 km, 7,5 h
	Metnitz → Frauenalpe, 25,9 km, 8,5 h
	Frauenalpe → St. Lorenzen → Stadl, 21,8 km, 7 h
	Frauenalpe → Stadl (Kammwanderung), 27,5 km, 10,5 h
	Stadl → Tamsweg, 31,7 km, 8 h
Info	www.leonhardpilgerweg.at
	Tourismusverband Tamsweg
	Marktplatz 4, 5580 Tamsweg
	T: +43 (0)6474 2145, E-Mail: info@tourismuslungau.at
	www.tamsweg.info
	Erzbruderschaft an der Wallfahrtskirche
	St. Leonhard zu Tamsweg
	Dr. Erich Thell
	Lebzelterweg 6, 5580 Tamsweg
	T: +43 (0)664 88710040, E-Mail: erich.thell@aon.at

Am Lasaberger Alpl.

Martinusweg – Via Sancti Martini

UNGARN • BURGENLAND • WIEN • NIEDERÖSTERREICH • OBERÖSTERREICH • DEUTSCHLAND

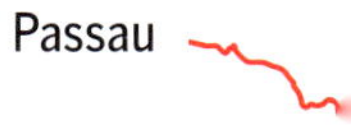

Weg im Zeichen der Völkerverbindung

Der Europarat hat im Jahre 2005 den Martinusweg, die Via Sancti Martini, der die Geburtsstadt des hl. Martin, Szombathely/Steinamanger in Ungarn, mit seiner Grablege im französischen Tours verbindet, in seine Liste der Kulturwege aufgenommen. Er ist damit neben dem Jakobsweg der zweite europäische Kulturweg. Erklärtes Ziel des Europarat-Programms ist es, das gemeinsame Erbe der Kulturen und Länder Europas zu zeigen. Die Aufnahme des Martinusweges begründete das Europäische Kulturwege-Institut damit, dass der Heilige im 4. Jahrhundert ein unermüdlicher Reisender und Pilger durch Europa war.

Die neue Mittelroute führt seit 2016 von Szombathely in Ungarn über Österreich, Deutschland, Luxemburg und Belgien nach Frankreich und hat eine Gesamtlänge von etwa 2 500 Kilometern. Was allgemein für den europäischen Martinusweg gilt, ist auch in Österreich gültig: Der Weg ist im Werden und noch nicht vollkommen. So bedingt das langsame Wachsen auch, dass es immer wieder zu leichten Veränderungen in der Routenführung und zu Ergänzungen kommen kann. Die betreffende Homepage informiert über den jeweils aktuellen Stand.

Die internationale südliche Hauptroute führt von der Slowakei und Ungarn über Slowenien und Italien, die nördliche aus den Niederlanden und Belgien nach Frankreich.

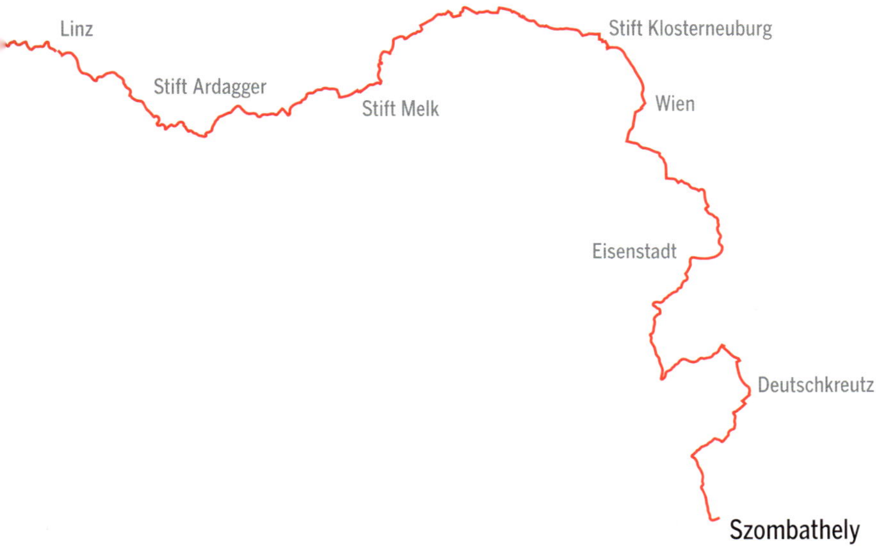

In Österreich führt die neue Mittelroute seit September 2016 von Ungarn kommend durch das Burgenland nach Wien und entlang der Donau durch Nieder- und Oberösterreich nach Passau. Immer wieder verläuft der Martinusweg dabei auf bereits vorhandenen Pilgerwegen wie der Hauptroute des Jakobsweges von Wolfsthal nach Enns oder den spirituellen Donausteigrouten.

Der österreichische Hauptweg der Via Sancti Martini beginnt auf ungarischer Seite bei der Martinskirche im westungarischen Kópháza (Kreis Sopron). Die erste Etappe führt über die Grenze bei Deutschkreutz weiter nach Neckenmarkt und endet in Markt St. Martin. Hier ist auch der Kreuzungspunkt mit dem regionalen pannonischen Martinusweg. Es geht dann nordwärts über Mattersburg nach Eisenstadt und Donnerskirchen. Danach werden das Leithagebirge und die Landesgrenze

Via Sancti
martini

Burgenland–Niederösterreich überschritten. Über Gramatneusiedl und Maria Lanzendorf wird Rothneusiedl und damit Wien erreicht.
Bei Vösendorf taucht man endgültig in die Stadt ein und gelangt über den Stephansplatz in den Norden. Entlang der Donau setzt sich der Weg nach Klosterneuburg fort. Die anschließende Etappe führt nach Stockerau, wo an den Jakobsweg Weinviertel angeknüpft und diesem bis Krems gefolgt wird. Ab hier ist man wiederum weitgehend auf der Hauptroute des österreichischen Jakobsweges bis nach Enns unterwegs. Die weitere Route geht über den Donausteig. An ihr liegen altehrwürdige Martinskirchen, wie jene in Linz sowie in Walding und in St. Martin im Mühlkreis. So wird Passau und damit Deutschland erreicht.

Der hl. Martin ist Diözesan- und Landespatron des Burgenlandes und nimmt dort eine besondere Rolle ein. So gibt es einige regionale Martinuswege, welche zur Mittelroute hinführen. Diese Abschnitte tragen die Bezeichnung „Regionaler pannonischer Martinusweg" und haben eine Gesamtlänge von rund 240 Kilometern. Ein südlicher Weg umfasst rund 180 Kilometer oder sechs bis sieben Etappen und beginnt in St. Martin an der Raab. Er führt über Heiligenkreuz und Güssing nach Deutsch Schützen, wo er über die Grenze nach Szombathely führt. In Schachendorf kehrt er wieder nach Österreich zurück und verläuft über St. Martin in der Wart bis Markt St. Martin, wo er an die Mittelroute anschließt. Aus nördlicher Richtung geht eine Route von Bratislava und Bruck an der Leitha nach Donnerskirchen, von wo es auf der Hauptroute weitergeht. Sie hat eine Länge von rund 60 Kilometern und beinhaltet zwei bis drei Etappen.

Auskünfte zum Martinusweg in Österreich geben die jeweiligen Kontaktstellen in den Diözesen Eisenstadt, Wien, St. Pölten und Linz.

St. Martin im Mühlkreis – eine der vielen Martinspfarren am Martinusweg.

Strecke	Kópháza → Passau (österreichischer Hauptweg)
Weglänge	etwa 541 km
Höhenlage	123 m bis 853 m Seehöhe
22 Etappen	Kópháza (HU) → Markt St. Martin (A), 25 km, 7,5 h
	Markt St. Martin → Mattersburg, 23 km, 6,5 h
	Mattersburg → Donnerskirchen, 36 km, 10 h
	Donnerskirchen → Gramatneusiedl, 27 km, 8 h
	Gramatneusiedl → Wien, 24 km, 6,5 h
	Wien → Klosterneuburg, 26 km, 7 h
	Klosterneuburg → Stockerau, 15 km, 4 h
	Stockerau → Kirchberg am Wagram, 29 km, 8,5 h
	Kirchberg am Wagram → Krems a. d. Donau, 30 km, 8,5 h
	Krems an der Donau → Maria Langegg, 21 km, 8 h
	Maria Langegg → Leiben, 36 km, 13 h
	Leiben → Ybbs an der Donau, 23 km, 7 h
	Ybbs an der Donau → Zeillern, 32 km, 11,5 h
	Zeillern → St. Pantaleon, 33 km, 10,5 h
	St. Pantaleon → Enns, 11 km, 3h
	Enns → Linz, 29 km, 8,5 h
	Linz → Ottensheim, 17 km, 7 h
	Ottensheim → St. Martin im Mühlkreis, 25 km, 8,5 h

St. Martin/Mühlkreis → Obermühl a. d. Donau, 15 km, 6 h
Obermühl an der Donau → Engelhartszell, 27 km, 10 h
Engelhartszell → Vichtenstein, 13 km, 6 h
Vichtenstein (A) → Passau (D), 24 km, 8 h

Info

www.martinuswege.eu
www.viasanctimartini.eu
www.martinus.at/wallfahrt/martinusweg
www.jakobswege-a.eu
www.donausteig.com/wandern-am-donausteig
Kontaktstellen in den Bundesländern bzw. Diözesen:

St. Martinus-Gemeinschaft Eisenstadt
Mag. Johann Artner
St. Rochus-Str. 21 , 7000 Eisenstadt
T: +43 (0)2682 777 281
E: johann.artner@martinus.at

Projekt Pilgern der Erzdiözese Wien
Leo Führer, Stephansplatz 6/1/6, 1010 Wien
T: +43 (0)1 51552 3305, E: pilgern@edw.or.at

Katholisches Bildungswerk der Diözese St. Pölten
Mag. Andreas Geiger
Klostergasse 16, 3100 St. Pölten
T: +43 (0)2742 324 2353, E: a.geiger@kirche.at

Abt. Pfarrgemeinde u. Spiritualität/ Pilgern der Diözese Linz
Christine Dittlbacher MAS
Kapuzinerstraße 84, 4020 Linz
T: +43 (0)676 8776 3171
E: christine.dittlbacher@dioezese-linz.at

WGD Donau Oberösterreich Tourismus GmbH
Lindengasse 9, 4040 Linz
T: +43 (0)732 7277 800, E: info@donauregion.at

St. Rupert Pilgerweg

BAYERN • SALZBURG

Der hl. Rupert – Apostel Bayerns und Salzburgs

Der St. Rupert Pilgerweg erinnert an die gemeinsamen religiösen und kulturgeschichtlichen Wurzeln Bayerns und der Erzdiözese Salzburg, indem er Wirkungsstätten des Heiligen, heilige Orte und künstlerische Zeugnisse seiner Verehrung verbindet. Initiiert wurde er 2007 von Hermann Hinterhölzl, Hüttenwirt auf dem Hochgründeck und Petra Kurten, Professorin an der Katholischen Universität Eichstätt-Ingolstadt, gemeinsam mit einer Reihe von kirchlichen und touristischen Partnern. Im Laufe der Jahre erfuhr er eine ständige Erweiterung und umfasst heute etwa 17 Tagesetappen.

Gestartet wird in Altötting, wo die Verehrung des hl. Rupert lange Zeit eine wichtige Rolle spielte, bevor der Ort 1489 ein bedeutender Marienwallfahrtsort wurde. Zielort ist Bischofshofen, wo der hl. Rupert vor rund 1300 Jahren die Maximilianszelle gründete und das Rupertuskreuz verehrt wurde. Die Zelle schuf er um 711/712 als Stützpunkt und Voraussetzung für die Missionierung der Slawen. Sie war Ausgangspunkt für die kulturelle Entwicklung des Landes Salzburg. Das Rupertuskreuz ist der einzige erhaltene, zu Lebzeiten Ruperts entstandene Kultgegenstand und das älteste sakrale Kunstwerk Österreichs. Heute ist das Original im Dommuseum Salzburg ausgestellt und bildet das Symbol für den St. Rupert Pilgerweg. Eine Kopie befindet sich im Besucherzentrum Geopark „Erz der Alpen“ in Bischofshofen.
Die Bayern und Salzburg verbindende Route des St. Rupert Pilgerweges führt auf den Spuren des „Salzheiligen“ und „Apostel Bayerns“ in sieben Tagesetappen von Altötting durch den Rupertiwinkel, über Traunstein und den alten Soleleitungsweg nach Bad Reichenhall und weiter bis Salzburg zum Grab des hl. Rupert.
In Altötting soll der hl. Rupert den Bajuwarenherzog Theodo getauft haben. Eine Darstellung auf einem der Seitenaltäre in der Basilika St. Anna erinnert an dieses Ereignis. Über Hirten geht es nun nach Tittmoning und in den Rupertiwinkel. Dieses Gebiet zwischen Alz und Salzach übergab der Bajuwarenherzog Theodo an Rupert zur Finanzierung der Neuchristianisierung. Diese Kornkammer gehörte bis 1803 zum Erzstift Salzburg.
Wer in Waging am See die Pilgerwanderung Richtung Süden fortsetzt, kommt nach Traunstein und Inzell sowie Bad Reichenhall. Über Piding und Ainring wird Freilassing erreicht, von wo es zu Fuß oder mit öffentlichen Verkehrsmitteln in die Stadt Salzburg geht. Hier, im Dom zu Salzburg, befindet sich hinter dem Rupertusaltar das Grab des Heiligen und damit das Ziel dieser Pilgerstrecke.

In Waging kann der Weg (Route 2) aber auch in östlicher Richtung fortgesetzt werden und mit drei Tagesetappen wird über Laufen, Oberndorf, Seekirchen und Fuschl am See St. Gilgen am Wolfgangsee erreicht.

Dort wird an die seit 2007 bestehende Kernroute (Route 3) angeschlossen, die in sieben Tagesetappen über St. Wolfgang, Strobl, die Postalm, Abtenau/Rußbach, Annaberg, Hochgründeck zur von Rupert 711 gegründeten Maximilianzelle und dem Rupertuskreuz nach Bischofshofen führt.

Von der Pfarrkirche St. Ägidius in St. Gilgen ausgehend geht es zum Europakloster Gut Aich und weiter auf der Route des Wolfgangweges über den Falkenstein zur Wallfahrtskirche nach St. Wolfgang und nach Strobl. Von hier wandert man ins Weißenbachtal und erreicht über einen Almweg das Hochplateau des Naturschutzgebietes Postalm. Es ist das zweitgrößte Almgebiet Mitteleuropas.

Dort gibt es für den weiteren Weg zwei Varianten: über Abtenau oder Rußbach nach Annaberg. Bei der ersten Variante geht es nach der Postalm vorbei an der Klauseggkapelle auf einem alten Schmugglerpfad in den Klausegggraben. Weiter gelangt man zur Radochsbergkirche, von dort geht es hinunter zur Lammerbrücke. Diese überquerend gelangt man nach Sonnleitn und Abtenau. Hier führt der Weg über den Gsengalmweg hinauf zu einem Bildstock, der Gsengtafel, ehe es nach Annaberg hinunter geht.

Lohnenswert, weil landschaftlich sehr reizvoll, ist die Variante über die Rinnbergalm und das Rußbachtal. Die Legende erklärt den Namen damit, dass sich hier früher die Wilderer im dortigen Bach den Ruß aus dem Gesicht gewaschen haben. Über den „Elendgraben", der geologisch interessant ist, da hier Nachweise für einen Meteoriteneinschlag vor rund 65 Millionen Jahren

oben: Die St. Vinzenz Friedenskirche am Hochgründeck.
unten: Weg zum Hochgründeck bei Bischofshofen.

gefunden wurden, führt der Weg zur Klockaualm und weiter aufwärts zur Riedkaralm, wo es dann wieder abwärts nach Annaberg geht. Ab hier folgen beide Varianten gemeinsam dem Annaberger Höhenweg, der früher die Verbindung von Bad Ischl über Abtenau nach St. Martin herstellte und als „Keltenweg" bezeichnet wird. So gelangt man nach Lungötz und über das Lammertal und die Schoberhöhe nach St. Martin. Beeindruckend auf diesem Abschnitt sind die als Naturdenkmäler ausgewiesenen Baumriesen, welche immer wieder zum Verweilen und Krafttanken einladen.
Die nächste Etappe führt nun über die Harmlalm und das Schaubergwerk „Historische Kupferzeche am Larzenbach" nach Hüttau. Der Ort ist geprägt von mehr als 800 Jahren Kupferbergbau. Hier beginnt der Aufstieg zur Klammalm, wo ein interaktiver Meditationswanderweg beginnt und weiter auf das Hochgründeck mit dem Heinrich-Kiener-Haus sowie der St. Vinzenz-Friedenskirche führt.

Ab hier geht es in der letzten Etappe abwärts zur Hörndlfraukapelle und zur Buchbergkirche mit ihrem romanischen Eingangsportal. Bald ist die Salzach erreicht. An dieser entlang führen die letzten Schritte hin zur Pfarrkirche St. Maximilian in Bischofshofen. Bevor der hl. Rupert hierher kam, soll der hl. Maximilian, ein Wanderbischof aus dem 3. Jahrhundert, hier verehrt worden sein. Darauf aufbauend errichtete Rupert dort eine Kirche und ein Kloster, die Maximilianszelle.

Strecke	Altötting → Bischofshofen
Weglänge	gesamte Weglänge mit Varianten etwa 370 km
Höhenlage	380 m bis 1 800 m Seehöhe
Etappen	17

ST. RUPERT PILGERWEG
www.pilgerwege.at

Route 1	Altötting → Freilassing/Salzburg
Weglänge	etwa 144,5 km
7 Etappen	Altötting → Hirten, 12,7 km, 3,5 h Hirten → Tittmoning, 20,1 km, 5 h Tittmoning → Waging/Gaden, 28,5 km, 8 h Waging/Gaden → Traunstein, 21,9 km, 5,5 h Traunstein → Inzell, 19,3 km, 5,5 h Inzell → Bad Reichenhall, 19,8 km, 5,5 h Reichenhall → Freilassing/Salzburg, 22,2 km, 5,5 h
Route 2	Waging am See → St. Gilgen
Weglänge	etwa 76 km
3 Etappen	Waging/Gaden → Laufen/Oberndorf, 23 km, 6 h Laufen/Oberndorf → Seekirchen, 19,5 km, 5 h Seekirchen → St. Gilgen, 33,5 km, 9 h
Route 3	St. Gilgen → Bischofshofen
Weglänge	etwa 114,5 km
7 Etappen	St. Gilgen → Strobl/Weißenbach, 19 km, 7 h Strobl/Weißenbach – Postalm, 13,5 km, 5 h Postalm → Abtenau, 20 km, 7 h Abtenau → Annaberg, 12 km, 4h Annaberg → St. Martin, 16 km, 5 h St. Martin → Hochgründeck, 20 km, 8 h Hochgründeck → Bischofshofen, 14 km, 5 h
Info	www.pilgerwege.at www.salzburgerland.com/de/ pilgerwege-im-salzburgerland Versand Informationsbroschüre St. Rupert Pilgerweg: **Tourismusverband Bischofshofen** Salzburgerstraße 1, 5500 Bischofshofen T: +43 (0)6462 2471, E: info@bischofshofen.com

Wolfgangweg

BAYERN • SALZBURG • OBERÖSTERREICH

Der hl. Wolfgang – Bischof, Politiker und Einsiedler

Der Weg von Regensburg nach St. Wolfgang ist eine jener traditionellen Pilgerstrecken, die im Mittelalter und auch in späteren Zeiten Europa durchzogen. Wolfgang wurde 952 zum Bischof von Regensburg geweiht, übte sein Amt mit starker Reformfreude aus und war überaus beliebt. Als er 994 verstarb, wirkte sein Leben derart nachhaltig fort, dass er bereits 1052 heiliggesprochen wurde.

Was den hl. Wolfgang mit dem Abersee, dem späteren Wolfgangsee verband, liegt auf weiten Strecken im Bereich der Legenden. Jedenfalls soll er Regensburg verlassen haben, um als Einsiedler am Falkenstein hoch über dem heutigen Wolfgangsee zu leben. An der Stelle der Einsiedelei steht heute, an den Felsen

geschmiegt, die Falkensteinkirche. Etwas weiter kommt man zur Brunnenkapelle mit der vom hl. Wolfgang erweckten Quelle sowie an die Stelle, an der er den Satan abwehrte und sichtbar Kopf- und Handabdrücke im Felsen hinterließ. Schließlich findet sich noch der Ort, von dem aus er sein Beil ins Tal geschleudert haben soll, mit dem Gelöbnis, dort, wo es hinfalle, eine Kirche zu errichten. Als der hl. Wolfgang seine Einsiedelei verlassen musste, versprach er, den Menschen weiterhin nahe zu sein und legte damit den Grundstein zu seinem Wirken als Fürsprecher der Menschen bei Gott bis heute.
Die Örtlichkeiten, an denen er sich damals aufhielt, zogen einen ungeheuren Pilgerstrom an, sodass St. Wolfgang zeitweise nach Rom und Santiago zum drittgrößten Wallfahrtsort Europas wurde.
Seit dem Jahre 2008 hat der Verein WolfgangWeg es sich zur Aufgabe gemacht, den Weg von Regensburg nach St. Wolfgang neu zu beleben. Die Wallfahrt nach St. Wolfgang ist zwar nie ganz eingeschlafen, aber es liegt sicher nahe, sie auch dem modernen Menschen auf neue Weise zu vermitteln.

So gibt es heute zwei Varianten des Pilgerns von Regensburg an den Wolfgangsee: Die erste ist der klassische Fußweg mit etwa elf Tagesetappen. In Ergänzung gibt es dazu eine alternative Strecke mit dem Fahrrad, klassisch oder per E-Bike zu bewältigen, die etwa vier Tagesetappen umfasst.
Den authentischen Wolfgangweg gibt es in beiden Versionen nicht. Aufgrund von Sagen und Überlieferungen kann man den einen oder anderen Ort annehmen. Je näher sich der Weg dem Falkenstein nähert, desto eher ist man wahrscheinlich auf den Spuren des Heiligen unterwegs.

Der Ausgangspunkt des Pilgerweges ist die Klosterkirche von St. Emmeram in Regensburg, in deren Wolfgangkrypta die Gebeine des Heiligen ruhen. Ziel der Pilger ist neben dem

Falkenstein die Kirche in St. Wolfgang mit der Wolfgangkapelle, einer Marmornachbildung jener Zelle, in der er als Einsiedler gelebt haben soll. Die Wege verlaufen großteils flach und weisen kaum Steigungen auf. Einstiegsmöglichkeiten gibt es mehrere, je näher jedoch der Pilgerweg dem Gebirge kommt, desto attraktiver wird freilich die Landschaft.

Die ersten sieben Etappen verlaufen in Bayern, die weiteren vier dann in Österreich. Von Regensburg führt die erste Etappe nach Pfakofen, danach geht es über Greilsberg nach Landshut, mit 63 000 Einwohnern die größte Stadt am Pilgerweg. Hier befindet sich der höchste Backsteinkirchturm der Welt mit 130,1 Metern Höhe. Der Weg kommt sodann nach Vilsbiburg, Neumarkt-St. Veit und erreicht den nächsten großen Wallfahrtsort, Altötting. Von dort nach Burghausen ist die letzte

Einst der drittgrößte Wallfahrtsort Europas: Blick auf St. Wolfgang am Wolfgangsee.

Etappe in Deutschland geschafft, in Burghausen wird die Grenze überschritten.
Der nächste Abschnitt führt nach Mattighofen. Hier wurde im 15. Jahrhundert ein Kollegiatsstift gegründet, welches noch heute besteht. Zeugnis der reichen Geschichte ist die prachtvolle Kirche mit dem Kreuzgang, ebenso entspricht die Größe des Stadtplatzes der Bedeutung dieses Ortes. Durch das Mattigtal geht es weiter nach Straßwalchen, wobei der Schafberg immer näher rückt und damit auch das Ziel ins Blickfeld kommt. Nach Überschreiten der Landesgrenze zu Oberösterreich und vorbei am Irrsee ist die Basilika St. Michael am Mondsee der nächste spirituell-kulturelle Höhepunkt am Weg.
Das Kloster Mondsee zählt zu den ältesten Klöstern Österreichs, wurde es doch bereits 748 vom Bayernherzog Odilo gegründet. Es ist nicht unwahrscheinlich, dass der hl. Wolfgang sich als

Bischof von Regensburg hier aufhielt, da er in dieser Funktion auch für das Kloster zuständig war. Nun sind es noch 21 Kilometer, die den Pilger vom Wolfgangsee trennen. Am Weg liegt noch das Europakloster Gut Aich, eine Neugründung aus dem Jahre 1993, geprägt durch seinen Prior Pater Johannes Pausch, der als Psychotherapeut und Buchautor viele Menschen anzieht. Steil ist nun der Anstieg auf den Falkenstein mit seinen vielfach bedeutsamen Stationen. Wieder abgestiegen zum See hin bildet die Wallfahrtskirche mit der Wolfgangkapelle in St. Wolfgang den krönenden Abschluss der Pilgerwanderung.

Die Radpilgerstrecke beginnt ebenfalls bei der Klosterkirche St. Emmeram und führt in der ersten Etappe entlang des Donauradweges nach Straubing. Von dort geht es weiter am Donauradweg, stets ohne größere Steigungen nach Vilshofen. In südöstlicher Richtung radelt der Pilger nach Ortenburg, wo der Wolfgangweg auf den Weg des Buches trifft. Das Ziel dieser Etappe ist Braunau, kurz davor wird noch die Grenze bei Ering passiert.
Am Mattigtalradweg entlang radelt man nach Mattighofen. Ab hier sind Fuß- und Radpilgerstrecke großteils identisch, und so erreicht man Straßwalchen, den Irrsee und über Mondsee und Winkl den Wolfgangsee. Bei Schloss Hüttenstein ist zu entscheiden, wie es weitergehen soll: Der Weg über den Falkenstein ist sehr steil und für Radfahrer nur bedingt geeignet. So kann man den See umrunden und von östlicher Seite nach St. Wolfgang kommen oder man nützt den Schiffsverkehr für eine Überfahrt dorthin. Freilich kann das Rad auch in St. Gilgen stehengelassen werden und das letzte Stück auf den Falkenstein als Fußpilgermarsch abgeschlossen werden.

Detaillierte Informationen zum Weg bietet das Buch von Pfarl, Peter: *Der Wolfgangweg*, Tyrolia Verlag, Innsbruck 2013.

Klassischer Fußweg

Strecke	Regensburg → Burghausen → St. Wolfgang
Weglänge	gesamt: etwa 282 km
Höhenlage	340 m bis 540 m Seehöhe
11 Etappen	Regensburg → Pfakofen, 34 km, 6,5 h Pfakofen → Greilsberg, 22 km, 6 h Greilsberg → Landshut, 37 km, 9 h Landshut → Vilsbiburg, 25 km, 5,5 h Vilsbiburg → Neumarkt-St. Veit, 22 km, 5,5 h Neumarkt-St. Veit → Altötting, 29 km, 7,5 h Altötting → Burghausen, 17 km, 4 h Burghausen → Mattighofen, 33 km, 8,5 h Mattighofen → Straßwalchen, 22 km, 5,5 h Straßwalchen → Mondsee, 20 km, 5 h Mondsee → St. Wolfgang, 21 km, 5,5 h
Info	www.wolfgangweg.at **Verein WolfgangWeg** Dr. Peter Pfarl T: +43 (0)6138 2519, E: peter.pfarl@gmail.com

Radpilgerweg

Strecke	Regensburg → Vilshofen → St. Wolfgang
Weglänge	gesamt: etwa 315 km
Höhenlage	303 m bis 810 m Seehöhe
Höhenmeter	Aufstieg: 1 776 hm, Abstieg: 1 578 hm
4 Etappen	Regensburg → Straubing, 48,8 km, 3 h Straubing → Vilshofen, 91,6 km, 6 h Vilshofen → Braunau, 79,1 km, 5 h Braunau → St. Wolfgang, 95,6 km, 6,5 h
Info	**Wolfgangsee Tourismus** Au 140, 5360 St. Wolfgang T: +43 (0)6138 8003, E-Mail: info@wolfgangsee.at www.wolfgangsee.at

LEKI

SPIRITUELLE WANDERWEGE

Spirituelles Wandern – neue Zugänge zu Gott, sich selbst und den Menschen

Eine Pilgerreise, eine Wallfahrt war lange Zeit sehr eng mit dem Erreichen eines religiös bedeutsamen Ortes verbunden. Dort fühlte man sich Gott näher und vertraute auf eine stärkere Wirkkraft des Gebetes. Die Motive des Aufbruchs waren durch die Zeiten hindurch stets unterschiedliche: Gebetsanliegen und Dank ebenso wie der Gedanke, Buße leisten zu müssen. Stets waren diese Motive aber im engeren Sinn an eine Religion gebunden.

Heute ist eine ganze Reihe weiterer Gründe hinzugekommen: sich auf einen spirituellen Weg einzulassen, der nicht immer auf religiösen Absichten gründet; neue Orientierung in unübersichtlichen Lebenssituationen zu bekommen; Entschleunigung und Ruhe zu finden im alltäglichen Getriebensein des beruflichen Lebens; der Sehnsucht nach Lebenssinn zu folgen. Das sollen nur einige Beispiele sein.

„Manche brechen auf, um Gott zu suchen und finden sich selbst. Manche brechen auf, um sich selbst zu suchen und finden Gott", so lautet eine bekannte Pilgerweisheit.

In diesem Sinne gibt es heute auch eine ganze Reihe von Wegen, welche das spirituelle Wandern zum Thema haben. Impulse am Weg, künstlerisch gestaltete Stationen vor Ort oder spirituelle Begleittexte laden hier zum Nachdenken ein. Anknüpfungspunkte bilden dabei einerseits die Schönheit der Natur, andererseits aber durchaus „spirituelle" Wegmarkierungen wie Wegkreuze, Bildstöcke oder Kapellen, die zum Verweilen und zum Atemholen der Seele einladen.

Der Böhmerwaldrundweg als „Weg der Entschleunigung", der Josefweg, der Johannesweg oder der Donausteig lassen sich auf diese Weise spirituell erwandern. Darüber hinaus gibt es auch Wege, welche Spiritualität, Geschichte und Kultur in unterschiedlichster Weise miteinander verbinden und zu mehr Miteinander unter den Menschen anregen. So macht sich der Weg des Buches auf die Spuren des Geheimprotestantismus und der Bücherschmuggler, der Jerusalemweg versteht sich als internationales Friedens- und Kulturprojekt, und die VIA NOVA sucht das Miteinander über staatliche, religiöse und kulturelle Grenzen hinaus zu stärken.

Böhmerwaldrundweg

OBERÖSTERREICH

Spirituelles Wandern am „Weg der Entschleunigung"

Der Weg der Entschleunigung durch den Böhmerwald bringt den spirituellen Wanderer zu den schönsten Energie- und Kraftplätzen im Mühlviertel. Er kann in drei Varianten mit einer Länge von vier bis acht Tagesetappen erwandert werden und führt zu ganz besonderen Orten. Genau genommen müsste man von Böhmerwaldrundwegen sprechen, denn jede der einzelnen Etappen ist für sich eine nähere Erkundung wert.

Die längste der Mehrtageswanderungen mit 133 Kilometern Länge und acht Tagesetappen ist gleichzeitig auch die mit den vielfältigsten Eindrücken. Über die Täler der Großen, Kleinen und Steinernen Mühl bis hinauf zum Böhmerwaldkamm bietet die Strecke abwechslungsreiche Ausblicke. Ein Höhepunkt ist das Panorama vom höchsten Punkt des Böhmerwaldes, dem

Plöckenstein mit 1 379 Metern. Drei Länder, Österreich, Bayern und Tschechien, liegen hier dem Wanderer zu Füßen. Auf dem weiteren Weg warten noch zwei weitere Gipfel mit jeweils über 1 000 Metern Höhe, ehe man wieder am Ausgangspunkt angelangt ist.

Einstieg für diese Tour, wie übrigens auch für die anderen Touren, ist idealerweise in Aigen-Schlägl mit seinem traditionsreichen Prämonstratenserstift. Von dort geht es nach Haslach und weiter nach Rohrbach-Berg. Der Weg führt dann über Peilstein und Niederkraml nach Schwarzenberg, um an den letzten beiden Tagen über Schöneben wieder nach Aigen-Schlägl zurückzuführen.

Weitblicke sammeln in sechs Tagen auf einer Länge von 97 Kilometern kann man ab Aigen-Schlägl auf der Tour über Peilstein und Kohlstatt, von wo es weiter nach Klaffer und Schwarzenberg geht, um über Ulrichsberg wieder nach Aigen-Schlägl zurückzukommen. Hier durchwandert man den nördlichen Teil des Böhmerwaldes mit traumhaften Aussichtspunkten wie dem Hochwaldblick, der Feslhöhe und dem Bärenstein.

Bei der Viertagestour geht es in 60 Kilometern südöstlich nach Haslach. Ein Gustostückerl am Weg ist die Steilstufe am Schwarzenbergischen Schwemmkanal, einem historischen Bauwerk aus dem 18. Jahrhundert. Es diente dazu, die Holzressourcen des Böhmerwaldes nach Wien zu befördern. Ein kühnes Vorhaben, das nur mithilfe des damals modernsten bautechnischen Wissens verwirklicht werden konnte. Während der „Goldenen Zeit der Schwemme" wurden 8 Mio. Raummeter Holz gedriftet. Weiter führt der Weg nach Rohrbach-Berg mit seiner Wallfahrtskirche Maria-Trost, von wo es über Peilstein nach Aigen-Schlägl zurückgeht. Die idyllischen Flusstäler, geprägt von der Großen, Steinernen und Kleinen Mühl helfen dabei, innezuhalten und die Tagesroutine hinter sich zu lassen.

Den Ausgangspunkt aller Touren bildet das Stift Schlägl, das kulturelle und geistige Zentrum der Region Böhmerwald seit dem 13. Jahrhundert. Es lädt ein, hier zu Beginn oder am Ende der Wanderung zu nächtigen und in die besondere Atmosphäre des Prämonstratenserstiftes einzutauchen.

Viele Wallfahrtskirchen säumen den Weg der Entschleunigung. So zum Beispiel St. Wolfgang am Stein bei Schlägl, die Wallfahrtskirche Maria Trost in Rohrbach-Berg oder die Schifflerkapelle bei Julbach.
Steinerne Zeugen der Vergangenheit finden sich in St. Oswald mit dem Hauptgrenzstein, welcher bereits 1788 unter Kaiser Josef II. gesetzt wurde.

Teufelsschüsseln – einer der stärksten Kraftplätze im Mühlviertel.

Kraftvolle Fels- und Steinformationen laden zum Verweilen ein, der Kühstein oder der Hochwaldblick bei Peilstein. Mit dem Plöckenstein bei Schwarzenberg findet sich die höchste Erhebung der Region Böhmerwald. Zudem ist der Gipfel zugleich auch ein Grenzpunkt und teilt Österreich und Tschechien. Am weiteren Weg liegen noch der Stinglfelsen bei Klaffer sowie der Bärenstein bei Aigen-Schlägl.
Die steinernen Kraftplätze werden schließlich ergänzt durch zahlreiche Quellen und Bründln, unter anderem das Anna-Bründl und der rätselhafte Drosselstein auf dem Kalvarienberg bei Julbach, der auch bei großer Trockenheit immer feucht bleibt oder die Michaelsquelle mit Kneippbecken bei Aigen-Schlägl.

Vollständig erlebbar sind all diese besonderen Orte in der großen 8-Tagesvariante.

Eine ausführliche Broschüre des örtlichen Tourismusverbandes bietet zusätzlich zur Wegbeschreibung Informationen über die Kraftplätze am Weg und zur Geschichte der Orte.

Böhmerwaldrundweg
Weg der Entschleunigung

Varianten	3
Weglänge	zwischen 60 und 133 km
Etappen	4 bis 8 Tagesetappen
Höhenlage	501 m bis 1379 m Seehöhe

Variante 1	**Kraft und Energie tanken in 8 Tagen**
Weglänge	133 Kilometer
Höhenmeter	Auf- und Abstieg: 4300 hm
8 Etappen	Aigen-Schlägl → Haslach, 19 km, 5,5h
	Haslach → Rohrbach-Berg, 15 km, 4,5h
	Rohrbach-Berg → Niederkraml, 17 km, 6h
	Niederkraml → Kohlstatt, 18 km, 6h
	Kohlstatt → Schwarzenberg, 19 km, 5,5 h
	Schwarzenberg → Holzschlag, 16 km, 5,5 h
	Holzschlag → Hintenberg/Ulrichsberg, 15 km, 4,5h
	Hintenberg → Aigen-Schlägl, 14 km, 4,5h

Variante 2	**Weitblick sammeln in 6 Tagen**
Weglänge	97 Kilometer
Höhenmeter	Auf- und Abstieg: 3340 hm
6 Etappen	Aigen-Schlägl → Niederkraml, 15 km, 5h
	Niederkraml → Kohlstatt, 18 km, 6h
	Kohlstatt → Schwarzenberg, 19 km, 5,5h

Rastbank am Weg der Entschleunigung.

	Schwarzenberg → Holzschlag, 16 km, 5,5h
	Holzschlag → Hintenberg/Ulrichsberg, 15 km, 4,5h
	Hintenberg/Ulrichsberg → Aigen-Schlägl, 14 km, 4,5h
Variante 3	**Besonderheiten entdecken in 4 Tagen**
Weglänge	60 Kilometer
Höhenmeter	Auf- und Abstieg: 1800 hm
4 Etappen	Aigen-Schlägl → Haslach, 19 km, 5,5h
	Haslach → Rohrbach-Berg, 15 km, 4,5h
	Rohrbach-Berg → Peilstein, 14 km, 4,5h
	Peilstein → Aigen-Schlägl, 12 km, 4h
Info	www.boehmerwaldrundweg.at
	Ferienregion Böhmerwald
	Hauptstraße 2, 4160 Aigen-Schlägl
	T: +43 (0)5 7890 100, E: info@boehmerwald.at

Der Donausteig

BAYERN • OBERÖSTERREICH

Natur und Kultur entlang der Donau

Der Fluss-Weitwanderweg Donausteig führt auf 450 Kilometern in 23 Etappen von Passau über Linz bis Grein. An die Hauptroute, die in Varianten sowohl am nördlichen als auch südlichen Donauufer verläuft, knüpfen 49 Rundtouren an, die von der Hauptroute abzweigen und in das Umland der bayerisch-oberösterreichischen Donauregion führen. Diese eignen sich sehr gut für Tageswanderungen.

Während am Donauufer eine Vielzahl an Ortschaften mit je eigenem Charakter den Wanderer und Pilger überrascht, gelangt man durch üppige Wälder auf schmalen Pfaden und bequemen Wegen zu den Gipfeln längs der Donau hinauf. Von dort tun sich weite Blicke über das Tal oder in das hügelige Umland auf. So ergibt sich eine Fülle an faszinierenden Ein- und Ausblicken, die Herz und Seele öffnen.

Jede der 49 Rundtouren ist mit einem spirituellen Impuls verbunden. Sie vertiefen die Erkenntnis von der Schönheit des Lebens, geben „sinn-volle“ Impulse zur Lebensgestaltung, verweisen aber auch auf die kulturellen Highlights der Region: Klöster, Stifte, mächtige Kirchen wie auch kleine Kapellen prägen die spirituelle Landschaft entlang des Donausteigs. Hier bewusst langsam auf kleinen Rundwegen unterwegs zu sein, macht den besonderen Reiz dieser Wege aus. Das Schritttempo ist die richtige Geschwindigkeit, um die Welt, die Schöpfung und sich selbst wieder neu wahrzunehmen und zu entdecken.

Dem spirituellen Wanderer begegnet am Donausteig eine ganze Reihe von Personen, die als Heilige gelten. Sie waren mit ihrem Leben und Wirken für andere ein großes Vorbild und gewissermaßen „heil-bringend“. Taucht man in ihre Lebensgeschichten ein und versucht, deren Botschaften in die heutige Zeit zu übersetzen, kann man Orientierung und Sinnstiftung finden. So bieten sich Menschen wie der hl. Martin oder der hl. Franziskus, der hl. Wolfgang oder der hl. Florian, die hl. Agatha oder Maria an, das eigene Leben zu reflektieren und weiter zu entwickeln. Jede dieser Donausteigrunden wurde mit einem eigenen spirituellen Ansatz ergänzt, welcher einen tieferen Zugang zur Geschichte dieser Heiligen, aber auch zu der Region und nicht zuletzt zu sich selbst ermöglicht.
Das Begleitheft „Donausteig – Spirituelles Wandern von Passau bis Grein“ deutet die Donausteig-Rundtouren auf inspirierende Weise. Zu jeder Runde werden nähere Impulse und Anregungen zum Nachdenken vorgeschlagen. Das Begleitheft ist zwar derzeit vergriffen, die Infos stehen aber unter touren.donauregion.at bei den einzelnen Tourenbeschreibungen im Tourenplaner zur Verfügung.

Der Verlauf der Donau ist aber auch geprägt von einer Vielzahl an Burgen, historischen Bauten, Stiften und Kirchen. Sie alle

sind steinerne Botschaften, die spannende Geschichten erzählen. So bietet der Stephansdom, die Bischofskirche von Passau, mit der weltgrößten Domorgel einen guten Ausgangspunkt für eine spirituelle Wanderung, aber auch die Gelegenheit, sich im wunderbaren Klang der Musik zu sammeln. Mit dem Trappistenkloster Stift Engelszell, seiner Rokokokirche und den modernen Deckengemälden von Fritz Fröhlich liegt ein weiteres Kleinod am Weg. Nicht weniger sehenswert ist das Zisterzienserstift Wilhering. Mit dem Linzer Mariendom betritt man die größte Kirche Österreichs: Der „Neue Dom“ bietet Platz für

Blick auf die Schlögener Schlinge im oberen Donautal zwischen Passau und Linz.

rund 20 000 Menschen. Bei Führungen gibt die begehbare Innengalerie in 15 Meter Höhe faszinierende Aussichten frei. Aber auch eine Wanderung auf den Pöstlingberg und zur Wallfahrtsbasilika „Sieben Schmerzen Mariens" ist lohnenswert.
Auf einer der 49 Rundtouren begegnet mit dem Augustiner-Chorherrenstift St. Florian ein Ort voller Spiritualität, der Kunst, Kultur und Musik, aber auch der Natur verpflichtet ist.
Zu den vielen spirituellen Orten kommen noch einige Pilgerwege, die den Donausteig berühren oder, wie der Martinusweg, mit diesem auf einer gewissen Strecke sogar ident sind.

In Passau, beim Ausgangspunkt des Donausteigs, treffen der Jakobsweg aus Krumau (Jakobsweg Böhmerwald), der Innviertler Jakobsweg und der „Europäische Pilgerweg VIA NOVA“ zusammen. Von Grein bis Linz führt auch die nördliche Hauptroute des österreichischen Jakobsweges das Donautal entlang. Schließlich stößt in Mauthausen noch der Jakobsweg Mühlviertel-Ost von Kautzen (Tschechien) kommend auf den Donausteig. Aber auch der „Weg des Buches“ und der „Oberösterreichische Mariazellerweg“ sowie der „Jerusalemweg“ berühren das große Netz der Donausteigwege und sind inspirierende Ergänzungen.

Umfangreiches Informationsmaterial mit Wegbeschreibungen und Infos zu touristischer Infrastruktur wie auch die Broschüre mit spirituellen Impulsen zu den Donausteig-Runden ist bei der WGD Donau Oberösterreich Tourismus GmbH erhältlich und im Internet abzurufen.

Wandern am Donausteig bei Grein.

Strecke	Entlang der Donau von Passau bis Grein
Weglänge	49 Rundtouren zwischen 2 bis 27 km insgesamt etwa 450 km
Höhenlage	230 m bis 818 m Seehöhe
Info	Eine ausführliche Information zu den Donausteigrunden findet sich im Internet unter www.donauregion.at/donausteig-runden.html www.donausteig.com **WGD Donau Oberösterreich Tourismus GmbH** Lindengasse 9, 4040 Linz T: +43 (0)732 7277 800, E: info@donauregion.at www.donauregion.at **Oberösterreich Tourismus GmbH** Freistädter Straße 119, 4041 Linz T: +43 (0)732 7277-100 E: tourismus@oberoesterreich.at www.oberoesterreich-tourismus.at **Pastoralamt Diözese Linz** Christine Dittlbacher MAS Kapuzinerstr. 84, 4010 Linz T: +43 (0)676 8776 3171 E: christine.dittlbacher@dioezese-linz.at www.dioezese-linz.at/pilgern
Buchtipp	Donausteig-Wanderbuch: Andreas Kranzmayr, *Wandertouren von Passau über Linz bis Grein*, Tips Zeitungs GmbH & Co KG in Kooperation mit WGD Donau Oberösterreich Tourismus GmbH, 2015

Jerusalemweg

VORARLBERG • TIROL • SALZBURG • OBERÖSTERREICH • NIEDERÖSTERREICH • WIEN

Ein Friedensweg von Santiago ins Heilige Land

Ein ganz besonderer Weg ist der Jerusalemweg: ein internationales Friedens- und Kulturprojekt, das für zwischenmenschliche Toleranz steht. Der Pilgerweg wurde von Johannes Aschauer, Otto Klär und dem ehemaligen Skirennläufer David Zwilling ins Leben gerufen und wird heute von diesen engagiert belebt.
Der Weg führt durch 15 Länder und verbindet auf der Strecke von etwa 7 500 Kilometern durch Europa und Asien Menschen und Religionen auf dem Weg ins Heilige Land.
Ursprünglich pilgerten die drei Initiatoren in einer ersten Phase ab 2003 von Wien nach Santiago. Danach wurde dann die Strecke des Jakobsweges nach Santiago in die Gegenrichtung nach Wien erfasst. Ab 2010 pilgerten die drei von Wien Richtung Jerusalem. So verbindet der Jerusalemweg heute Santiago mit Jerusalem, also den Westen Europas mit dem Nahen Osten.
Von Österreich aus beträgt die Strecke etwa 4 500 Kilometer bis Jerusalem. Die Route führt von West nach Ost, dem Sonnenaufgang – symbolisch dem Leben – entgegen. Die Pilger befinden sich zugleich Schritt für Schritt am Weg zur bedeutendsten Stätte der Christenheit: Jerusalem. Sie ist zugleich auch Schnittpunkt der drei großen Weltreligionen Judentum, Christentum

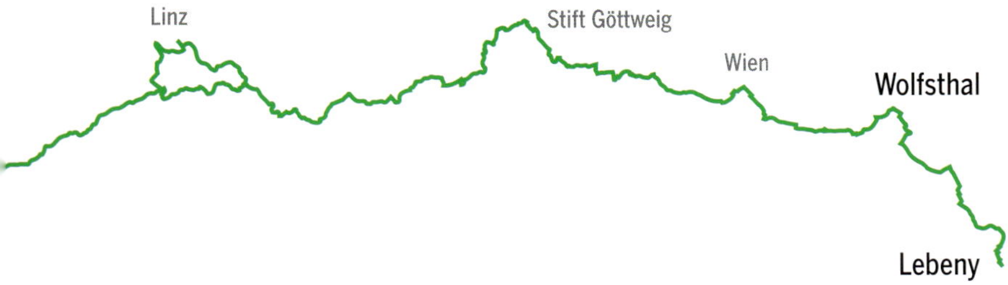

und Islam. Auf dem Weg in das Heilige Land kommt man immer wieder mit christlicher, muslimischer und jüdischer Religion, Kultur und Tradition in Berührung. Dies bietet Gelegenheit zum interreligiösen Dialog, um Brücken zwischen Religionen, Kulturen und Völker zu bauen. „Pilgern schafft Offenheit für Begegnungen, baut Vorurteile ab und stärkt das Gottvertrauen. Was Religionen und Völker trennt, können wir Menschen in Liebe verbinden!", so die Kernbotschaft der Initiatoren.

Der Jerusalemweg durchquert Österreich von Vorarlberg bis ins Burgenland meist entlang des gut markierten Jakobsweges, aber in der Gegenrichtung, auf seiner nördlichen Hauptroute durch Vorarlberg, Tirol, Salzburg, Oberösterreich, Niederösterreich und Wien. In Oberösterreich verläuft er teilweise auch auf dem Donausteig beziehungsweise dem Martinusweg.
So führt er von Rankweil über Bludenz auf den Arlberg, weiter durch das obere Inntal nach Innsbruck und dem Jakobsweg in Gegenrichtung weiter folgend nach St. Johann in Tirol, über Lofer und Salzburg nach Oberhofen an die salzburgisch-oberösterreichische Landesgrenze. Von dort geht er weiter über Vöcklabruck und Wels nach Linz, wo er der Donau flussabwärts nach Niederösterreich folgt. Über die Wachau und Stift Göttweig kommt er in die Bundeshauptstadt, um bald danach Österreich bei Wolfsthal Richtung Ungarn zu verlassen.
Die Route folgt ab Wien sowohl historischen Pfaden als auch neuen Wegen, unter anderem den Spuren des Dritten Kreuzzugs (1189–1192) sowie Wegen des Apostels Paulus. In allen Ländern bis in das Heilige Land betritt man kulturellen und geschichtsträchtigen Boden.

Am Jerusalemweg.

In Österreich sind dies beispielsweise der Arlberg, zugleich höchster Pass des gesamten Jerusalemweges, St. Georgenberg, der älteste Wallfahrtsort Tirols, das Konzentrationslager Mauthausen, die Weltkulturerbe-Region Wachau sowie die Kulturstadt Wien. Weitere Stationen sind unter anderem Skopje in Mazedonien, der Geburtsort von Mutter Teresa, sowie Städte, die vom Apostel Paulus auf seinen Missionsreisen besucht wurden wie Philippi, Ephesos oder Myra.

JERUSALEM WAY

Strecke	Rankweil → Wolfsthal (österreichische Wegstrecke)
Weglänge	etwa 826 km
Höhenlage	149 m bis 1 793 m Seehöhe
33 Etappen	Rankweil → Bludenz, 25,83 km
	Bludenz → Dalaas, 17,24 km
	Dalaas → Sankt Christoph, 19,3 km
	Sankt Christoph → Flirsch, 21,29 km
	Flirsch → Zams, 18,36 km
	Zams → Roppen, 25,88 km
	Roppen → Pfaffenhofen, 24,44 km
	Pfaffenhofen → Innsbruck, 29,57 km

Innsbruck → Terfens, 24,19 km
Terfens → Strass im Zillertal, 21,49 km
Strass im Zillertal → Bruckhäusl, 30,31 km
Bruckhäusl → St. Johann in Tirol, 30,92 km
St. Johann in Tirol → Lofer, 26,11 km
Lofer → Unken, 18,3 km
Unken → Hinterreit, 23 km
Hinterreit → Eugendorf, 29,53 km
Eugendorf → Oberhofen, 23,92 km
Oberhofen → Vöcklabruck, 32,9 km
Vöcklabruck → Schwanenstadt, 14,69 km
Schwanenstadt → Wels, 25,07 km
Wels → Hörsching, 23,26 km
Hörsching → Linz, 26,39 km
Linz → Mauthausen, 28,29 km
Mauthausen → Arbing, 19,87 km
Arbing → Grein, 15,5 km
Grein → Ybbs/Persenbeug, 22,99 km
Ybbs/Persenbeug → Leiben, 20,53 km
Leiben → Spitz, 28,77 km
Spitz → Stift Göttweig, 27 km
Stift Göttweig → Würmla, 33,21 km
Würmla → Asperhofen → Purkersdorf,34,44 km
Purkersdorf → Wien-Schwechat, 32,68 km
Schwechat → Haslau an der Donau, 21,96 km
Haslau an der Donau → Wolfsthal, 33,55 km

Info www jerusalemway.org
Verein Jerusalem Way International Peace Team e. V.
Hummelberg Süd 24, 4341 Arbing
T: +43 (0)699 18031970, E: info@jerusalemway.org

Buchtipp Aschauer, Johannes: *Auf dem Jerusalemweg. Eine außergewöhnliche Pilgerreise: Aus dem Herzen Europas zu Fuß nach Jerusalem*, Piper 2016

Johannesweg

OBERÖSTERREICH

Im Zeichen der Lilie durch die Mühlviertler Alm

Frische Waldluft, Plätze der Ruhe und Entspannung, mystische Felsgebilde und spektakuläre Aussichtsplätze erwarten die Pilger und Wanderer am 84 Kilometer langen Johannesweg in der Region Mühlviertler Alm. Zahlreiche kulturelle Highlights wie zum Beispiel die Burgruinen Prandegg und Ruttenstein befinden sich am Weg.

Die Strecke führt in Form einer Lilie durch zehn Gemeinden im nordöstlichen Mühlviertel. Initiiert wurde der Weg von dem bekannten Linzer Arzt Dr. Johannes Neuhofer. Er möchte die Wanderer in zwölf Stationen entlang des Weges zur Besinnung einladen und sie motivieren, positiv nach vorne zu blicken. Es verleiht Energie und Zuversicht, mit allen Sinnen in die wunderbare Landschaft einzutauchen und die Ruhe abseits der Ballungszentren zu genießen. Ziel des Weges ist es, die Gesundheit durch einen sich in Balance befindenden Körper und Geist zu fördern und zu erhalten.

In zwölf Stationen werden dazu Impulse und Weisheiten vermittelt, welche die körperliche wie auch geistige Gesundheit stärken sollen. Geduld, Humor und Großzügigkeit – das sind nur einige der positiven Eigenschaften, die am Johannesweg thematisiert werden. Mächtige, ausgehöhlte Baumstämme, versehen mit Impulstafeln zu einem gelingenden Leben, markieren die zwölf Stationen.

Der Einstieg in den Johannesweg ist in jeder Gemeinde entlang des Rundweges möglich. Prinzipiell werden jedoch zwei Varianten vorgeschlagen, eine in drei, die andere in vier Tagesetappen. Beide starten in der Gemeinde Pierbach. Dort stehen ausreichend Gratis-Parkplätze zur Verfügung. Der Ausgangspunkt befindet sich, aus Richtung Linz kommend, nach dem Dorfwirt „Fasching-Leitner" auf der linken Seite. Außer bei extremer Schneelage ist der Johannesweg ganzjährig begehbar.
Für die Planung der Wanderung ist die Johannesweg-Wanderkarte zu empfehlen oder die kostenlose Johannesweg-App. Beide enthalten Informationen zum Höhenprofil, zu den Einkehr- und Nächtigungsmöglichkeiten, zur Länge der Etappen und vieles mehr, was für die Planung der Tour nützlich ist und zur Orientierung benötigt wird. Die Wanderkarte ist in den Gastbetrieben am Johannesweg sowie in den Gemeindeämtern und den Tourismusbüros erhältlich.

Die Route mit vier Tagesetappen führt am ersten Tag in einem kürzeren Abschnitt von 16 Kilometern von Pierbach nach Schönau im Mühlkreis – gut geeignet für den Anreisetag. Nachdem Schönau passiert ist, geht es aufwärts zum Herrgottsitz. Auf dieser Felsformation, auf der sich eine sitzförmige Mulde befindet, soll sich der liebe Gott einst zufrieden ausgeruht haben, nachdem er die Welt erschaffen hatte. Der Überlieferung nach diente dieser Platz als heidnische Opferstätte. Der Felsen mit dem neu errichteten Gipfelkreuz ist jedenfalls ohne große Mühe zu erklimmen. Weiter geht's zum nächsten Höhepunkt, der Burgruine Prandegg, von deren Turm aus sich ein herrlicher Rundblick bis in die Alpen bietet. Dort kann der erste Tag gut ausklingen.

Entspannen an der ersten Station des Weges: Johannesbrunnen und die Engelskapelle.

Die zweite Tagesetappe lässt den Pilger bis Weitersfelden wandern. Nicht weit ist es am Morgen bis zum Herzogreitherfelsen. In Stein gehauene Stufen und eine Aufstieghilfe ermöglichen es, das imposante Felsgebilde aus Granit zu besteigen und die Aussicht zu genießen. Nun führt der Weg weiter zur sehenswerten Wallfahrtskirche von St. Leonhard bei Freistadt. Von dort geht es zur Bründlkapelle, derem Wasser eine heilsame Wirkung für Augen und Ohren zugesprochen wird, und weiter über den Haiderberg zum Galgenbühel – ob dort allerdings jemals eine Hinrichtung stattgefunden hat, kann nicht mit Sicherheit gesagt werden. Bald danach laden bei der sogenannten Zwischenstromwiese, wo Schwarze und Weiße Aist zur Waldaist zusammenfließen, hölzerne Liegen zur Rast ein. Nun ist es nur mehr ein kurzes Stück bis Weitersfelden, und das Tagesziel ist erreicht.

Von dort geht es am dritten Tag nach Kaltenberg, Unterweißenbach oder Königswiesen (14 bis 27 Kilometer). Nach dem Aufstieg zum Kammerer Kreuz lädt die dortige Kapelle zum Verweilen ein, ehe es weiter nach Kaltenberg geht, wo man auf die beeindruckende Marien-Wallfahrtskirche, die Ursprungskapelle und das Augenbründl trifft. Danach geht es bergab nach Unterweißenbach, dem Hauptort der Region Mühlviertler Alm mit seiner sehenswerten Pfarrkirche zum hl. Nikolaus. Dabei werden 14 Kapellen mit dem für die Region typischen Steinbloß-Mauerwerk passiert. Bei dieser Bauweise blieben die größeren Granitfeldsteine eines Hauses unverputzt, um sich den teuren Kalk zu sparen. Wer die letzte Etappe etwas kürzer halten

Aufstieg zur Burgruine Prandegg.

möchte, kann an diesem Tag noch bis Königswiesen weiter gehen.

Je nachdem, wo man übernachtet, ob in Kaltenberg, Unterweißenbach oder Königswiesen, geht es nun am Schlusstag mit einer Distanz von 32, 29 oder 19 Kilometern zurück zum Ausgangsort Pierbach. Dabei führt der Weg wiederum bergauf zum Wegererstein und weiter zur Einsiedlerklause. Sie wurde bekannt durch die Ordensschwester Leonilla Wahlmüller, eine für ihre Güte und Herzenswärme bekannte Eremitin vom hl. Kreuz, die in den Jahren 1993 bis 1996 den Vorbeikommenden dort Rat und Trost spendete. Ganz in der Nähe der Einsiedlerklause steht das Steingebilde der sogenannten Himmelsleiter. Weiter durch den Wald führt der Weg auf eine Naturplattform, auf der das Harlingsedter Gipfelkreuz steht. Hier bietet sich nochmals ein herrlicher Ausblick auf die Landschaft der Mühlviertler Alm. Markt Königswiesen mit seiner Pfarrkirche Maria Himmelfahrt und dem einzigartigen Schlingenrippengewölbe (mit 480 Feldern), die Ortschaft Mötlas und die Burgruine Ruttenstein sind die nächsten kulturellen Rastplätze am Johannesweg, ehe die Tagesetappe am Ausgangsort Pierbach endet.

Wird der Weg in drei Tagesetappen gegangen, erhöht sich das Tagespensum entsprechend auf 26 bis 29 Kilometer.

Region	Mühlviertler Alm
Weglänge	rund 85 Kilometer
Höhenmeter	Auf- und Abstieg: 2 500 hm
Höhenlage	494 m bis 980 m Seehöhe
4 Etappen	Pierbach → Schönau im Mühlkreis, 16 km Schönau im Mühlkreis → Weitersfelden, 23 km Weitersfelden → Kaltenberg/Unterweißenbach/Königswiesen, 14/17/27 km Kaltenberg/Unterweißenbach/Königswiesen → Pierbach, 32/29/19 km
Info	www.johannesweg.at **Tourismusverband Mühlviertler Alm** Markt 19, 4273 Unterweißenbach T: +43 (0) 7956 7304 E: office@muehlviertleralm.at /info@johannesweg.at www.muehlviertleralm.at
Buchtipp	Johannes Neuhofer, *Der Johannesweg – So finden Sie zu Einkehr und Zufriedenheit*, Wien 2012

Josefweg im Salzkammergut

OBERÖSTERREICH

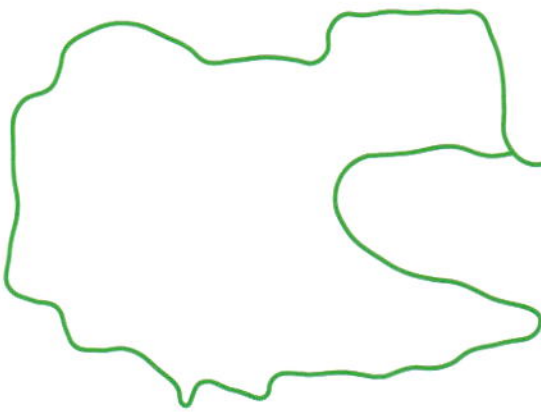

Aufbrechen, um bei sich anzukommen

Der dreitägige Rundweg verläuft über 66 Kilometer im Naturpark Attersee-Traunsee, Oberösterreichs größtem Naturpark. Symbolkräftig wird er in Form einer Achterschleife zwischen Altmünster und Weyregg begangen. Die liegende Acht ist das Symbol des Unendlichen, der Weite, des Himmels. So kann man am Josefweg aus dem „Hamsterrad" des Alltäglichen ausbrechen, allem Einengenden entfliehen und sich neu auf die Weite und Schönheit des Lebens ausrichten.

Der hl. Josef ist eher ein „stiller" Heiliger. Viel ist nicht von ihm bekannt, neben Maria stand er als Nährvater und Beschützer Jesu stets im Hintergrund. Stille und Ruhe für das eigene Leben zu finden, damit man wieder kraftvoll für andere wirken kann, ist das Ziel dieses Weges, der in Altmünster mit einem traumhaften Panoramablick über den glasklaren Traunsee beginnt. Er führt mit herrlichen Ausblicken auf die umgebende Bergwelt bis nach Weyregg am türkisblauen Attersee. Über Alexenau und Großalm geht es zum Kreuzweg auf den Richtberg und der

Richtberg-Taferlkapelle, einem geschichtsträchtigen Ort mit Wasserquelle. Von dort geht es wieder zurück nach Altmünster. Als Weggefährte begleitet der hl. Josef in acht Stationen den ruhesuchenden Wanderer und Pilger. Die acht Buchstaben des Wortes „Josefweg“ bilden am Weg jeweils eine Station mit einem Pilgerimpuls. Es sind lebensbejahende, spirituelle Anregungen, die zum Innehalten einladen und den Wanderer erden. So ist zum Beispiel die erste Station das „J“. Dort findet sich der Gedanke „J – wie: Ja sagen zu meinem Leben“. Das „O“ steht in der nächsten Station dann für „Offen sein für Neues“. So werden im Laufe des Weges Grundfragen des Lebens mithilfe des Wortes „Josefweg“ durchbuchstabiert. Die spirituellen Impulse stammen von Maria Heizinger, die als Pilgerbegleiterin im Netzwerk der Spirituellen WegbegleiterInnen der Diözese Linz diesen Weg auch initiiert hat.

Der Ausgangspunkt, die Pfarrkirche Altmünster, ist gut mit öffentlichen Verkehrsmitteln zu erreichen. Für die Anreise per Pkw gibt es einen Parkplatz an der Hauptstraße. Der Wegbegleiter auf diesem Pilgerweg, der hl. Josef, findet sich in der Pfarrkirche auf dem Altarbild des linken Seitenaltars. Aus Altmünster heraus führt der lauschige Stücklbachweg aufwärts zum Grasberg mit wunderbarer Aussicht auf den Traunsee und später ins Tote Gebirge und ins Höllengebirge. Die nächste Kirche in Reindlmühl wurde 1956 erbaut und ist dem hl. Josef geweiht. Nach einem Stück auf der Landstraße geht es teilweise steil aufsteigend dem Hongarkreuz entgegen. Die Ausblicke nach Norden ins Alpenvorland und in die südlichen Gebirge entlohnen für die Mühen des Aufstiegs. Über den Almberg, mit 973 Metern die höchste Erhebung des ersten Tages, wird die Kreuzing-Alm erreicht, wo eine Nächtigung möglich wäre. Der Weg kann aber über den Taubenkogel zur Gahbergkapelle fortgesetzt werden. Diese lädt wieder zu einer Rast ein. Nun ist es nicht mehr weit nach Weyregg und der Tag kann, je nach Jahreszeit, mit einem

Entlang des Josefweges hinauf zur Richtberg-Taferl-Kapelle.

Bad im Attersee ausklingen, oder man kann im Aquarium Weyregg seinen Fischreichtum bestaunen.
Am nächsten Tag lohnt sich ein Abstecher in die Pfarrkirche von Weyregg, um gut in den Pilgertag zu starten. Danach geht es am Attersee-Ostuferweg entlang bis Alexenau. Von dort führt der Weg Richtung Bramhosen steil aufwärts. Unterwegs gibt es Gelegenheit, beim Seeleitenstüberl die Wasservorräte mit frischem Quellwasser aufzufüllen. Das kommende Wegstück geht nun immer leicht auf- und abwärts, sodass genügend Zeit bleibt für ein gutes Gespräch oder die innere Einkehr. Bei der Einmündung der Forststraße in die Landesstraße erfolgt die Abzweigung zur Nadasdy-Klause und zur Großalmkapelle. Im Gasthof Großalm bietet sich eine Übernachtung an. Das Haus wie auch die Großalmkapelle haben eine interessante Geschichte. Alternativ kann der Weg aber auch bis nach Neukirchen fortgesetzt werden, um von dort am nächsten Tag wieder zur Hauptroute zu stoßen.
Von der Großalm geht es am dritten Tag wieder ein Stück zurück, um dann einer Forststraße aufwärts Richtung Hochkreut zu folgen. Beim Parkplatz des ehemaligen Tierparks beginnt der schöne Kreuzweg zur Richtberg-Taferl-Kapelle. Diese ist eine vielbesuchte Wallfahrtskapelle und sogar von zwei Seiten

erreichbar. So ist nun ein zweiter Kreuzweg beim Bergabgehen zu erleben. An dessen Ende tut sich wieder ein großartiger Blick auf den Traunstein und das Höllengebirge auf. Eine lohnenswerte Rast bietet die Rumplingkapelle mit ihrer schönen Josefstatue, ehe es zurück nach Reindlmühl geht und man von dort ins Ortszentrum von Altmünster absteigt.
Geführte Wanderungen mit Pilgerbegleiterin Maria Heizinger können über die Tourismusverbände gebucht werden.

Strecke	Salzkammergut Region Traunsee/Attersee
Weglänge	etwa 66 km
Höhenlage	441 m bis 1 019 m Seehöhe
Höhenmeter	Auf- und Abstieg: 2 635 hm
3 Etappen	Altmünster → Weyregg, 23 km, 7 h Weyregg → Gasthof Großalm/Neukirchen, 18 km, 5 h Gasthof Großalm/Neukirchen → Altmünster, 25 km, 8 h
Variante ab Weyregg	
	Weyregg → Neukirchen (Zentrum), 23 km, 8 h Neukirchen (Zentrum) → Altmünster, 22,5 km, 7 h
Info	www.josefweg-salzkammergut.at **Tourismusverband Traunsee** Informationsbüro Altmünster Marktstraße 6, 4813 Altmünster T: +43 (0)7612 87181, E: altmuenster@traunsee.at **Tourismusverband Attersee-Attergau** Tourismusbüro Weyregg am Attersee Weyregger Straße 69, 4852 Weyregg am Attersee T: +43 (0)7666 7719-70, E: info.weyregg@attersee.at
Pilgertaxi	Traunsee-Taxi, Linie 20 und 21 T: +43 (0)50422422 (eine Stunde vor benötigter Fahrt anrufen) www.traunseetaxi.at

Der Europäische Pilgerweg VIA NOVA

BAYERN • TSCHECHIEN • OBERÖSTERREICH • SALZBURG

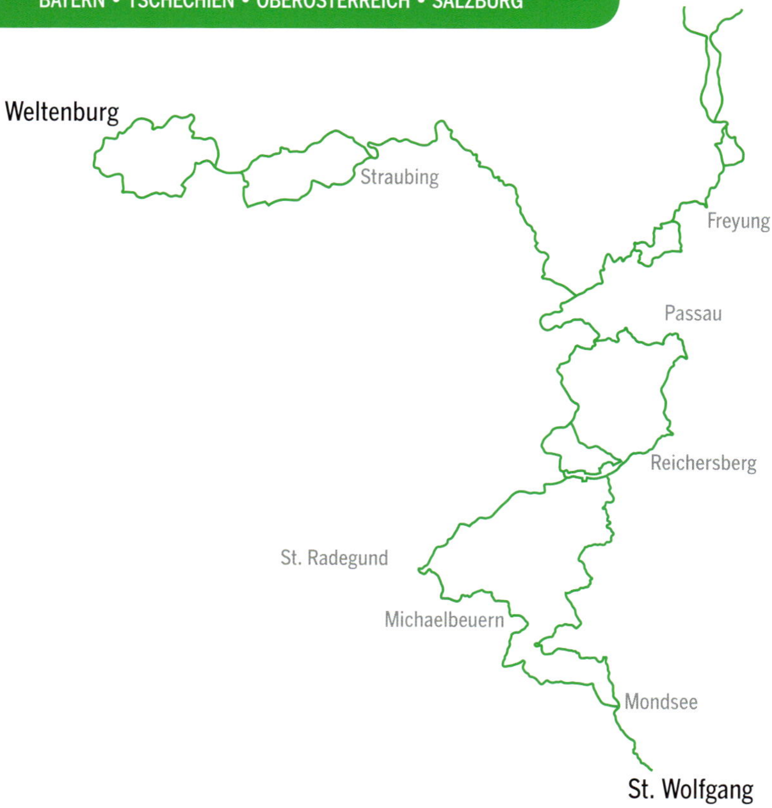

Grenzen überschreiten und zueinander finden

Ein ganz besonderes Wegenetz bietet der Europäische Pilgerweg mit dem Namen VIA NOVA: Im Jahr 2000 hatte der ehemalige Bürgermeister von Seekirchen am Wallersee, Hans Spatzenegger, die Idee zu diesem ökumenischen Pilgerweg vor der eigenen Haustüre. Dieser wurde 2005 eröffnet und seitdem schrittweise erweitert. Derzeit bietet er auf einer Strecke von rund 1 200 Kilometern eine Fülle an Möglichkeiten für spirituelles Wandern und Pilgern.

Die VIA NOVA (lat. „neuer Weg") verläuft durch die drei Länder Österreich, Deutschland und Tschechien und versteht sich als Symbol der Offenheit zwischen Menschen, Ländern und Religionen. Als überkonfessionelles Angebot steht er allen offen, die sich auf die Suche nach den beständigen Werten des Lebens wie Solidarität, Gerechtigkeit, Bewahrung der Schöpfung oder stärkendes Miteinander machen möchten. Die VIA NOVA lädt dazu ein, eine Reise nach innen anzutreten.
Der Pilgerweg ist in allen Richtungen zu begehen und durchgehend markiert. Eine konkrete Anzahl an Etappen, Höhen- und Kilometern anzugeben ist für diesen Weg fast unmöglich.
Am Ende – oder am Anfang – aller Wege stehen drei besondere Wallfahrtsorte oder Klöster. Sie bilden ein Dreieck, welches etwa seinen Mittelpunkt in Vilshofen an der Donau hat, wo die Wege aus Westen, Norden und Süden sich treffen.

Der westliche Ausgangspunkt ist das Kloster Weltenburg bei Kelheim. Von hier geht es an der Donau nach Straubing und Deggendorf und von Vilshofen an der Donau nach Passau. Die Benediktinerabtei Weltenburg liegt inmitten des einzigartigen europäischen Naturerbes der Weltenburger Enge am Eingang des Donaudurchbruchs. Schüler des hl. Kolumban sollen hier bereits 627 ein iroschottisches Kloster errichtet haben. Es gilt daher als die älteste klösterliche Niederlassung in Bayern.

Im Norden beginnt der Weg in der böhmischen Bergbaustadt Příbram und führt durch den Nationalpark Bayerischer Wald, der zusammen mit dem Böhmerwald das größte zusammenhängende Waldgebiet Europas bildet, nach Süden. In Příbram befindet sich das als Wallfahrtsziel bekannte Kloster Svatá Hora (Kloster Heiliger Berg). Es hat eine sehr wechselvolle Geschichte, wurde 1950 aufgelöst und erst 1990 wieder eröffnet. Die Anlage mit Kreuzgängen, Kapellen und Toren um die Kirche Mariä Himmelfahrt entstand in den Jahren 1658 bis 1709,

Blick auf das Kloster Weltenburg.

unter anderem unter Mitwirkung der berühmten Barockbaumeister Carlo Lurago und Kilian Ignatz Dientzenhofer. Schließlich gibt es noch die Möglichkeit, die Pilgerwanderung am bekannten Wallfahrtsort St. Wolfgang am Wolfgangsee im österreichischen Salzkammergut zu beginnen oder dort enden zu lassen.

Die Wege verlaufen überwiegend auf ruhigen Seitenstraßen und bieten schöne landschaftliche Ein- und Ausblicke, gleich ob im Bayerischen Wald, Böhmerwald oder dem Salzburger Seenland. Der Pilger durchquert fruchtbare Flusstäler und malerische Ortschaften, kann kleine Kostbarkeiten am Wegesrand entdecken und den Blick auf Bergesgipfel schweifen lassen. Im Innviertel beeindrucken im Mai und Juni blühende Rapsfelder und im Sommer weite Getreidefelder.

Die VIA NOVA verläuft mit der Innviertelroute von Ering über Mondsee nach St. Wolfgang durch den Friedensbezirk

Braunau in Oberösterreich. Hier steht in St. Radegund mit der Gedenkstätte für den 2007 seliggesprochenen Landwirt und Kriegsdienstverweigerer Franz Jägerstätter (1907-1942) die Erinnerungskultur stark im Vordergrund. Hingegen bieten die Etappen durch das Salzburger Seenland und über den Kolomannsberg ins Salzkammergut wiederum viele schöne Naturerlebnisse.

Träger des Pilgerweges ist der Verein „Europäischer Pilgerweg VIA NOVA". Er bietet auch ganzjährig zahlreiche geführte Pilgerwanderungen an und berät in Fragen zu Etappenwahl und Quartieren.

VIA NOVA
EUROPÄISCHER PILGERWEG

Start/Ziel Kelheim an der Donau (D), Príbram (CZ) und St. Wolfgang

Weglänge Streckennetz mit einer Gesamtlänge von rund 1 200 Kilometern

Info www.pilgerweg-vianova.eu
Verein Europäischer Pilgerweg – VIA NOVA
Seeweg 1, 5164 Seeham am Obertrumersee
T: +43 (0)6217 20240 40, E: info@pilgerweg-vianova.eu
Kath. Landvolkshochschule St. Gunther
Hengersbergerstr. 10
D-94557 Niederalteich
T: +49 (0)9901 9352-0
www.lvhs-niederalteich.de

Buchtipp *VIA NOVA – Europäischer Pilgerweg. Drei Länder – fünf Routen – ein Wegbegleiter*: Passau 2013 (nur mehr Restexemplare erhältlich)

Weg des Buches

BAYERN • OBERÖSTERREICH • SALZBURG • STEIERMARK • KÄRNTEN

Bücherschmuggler und geheime Protestanten

Am Anfang vom „Weg des Buches“ stand die Initiative der Evangelischen Kirche Augsburgischen Bekenntnisses (A.B.), sich mit der eigenen Geschichte auseinanderzusetzen und den Wegen und Spuren der Menschen nachzugehen, für die die Bibel in ihrer eigenen Sprache identitäts- und lebenswichtig war. In der Zeit der Gegenreformation hatten diese viele Gefahren auf sich genommen, um dieses Buch in ihrer eigenen und nicht in der lateinischen Sprache lesen zu können.
Der Weg des Buches war seit 1600 der Weg der deutschen Bibel und der lutherischen Erbauungsliteratur von Deutschland nach Österreich. Händler trieben im 17. und 18. Jahrhundert, zur Zeit der Gegenreformation und des „Geheimprotestantismus“, aus den Alpentälern Vieh nach Deutschland. Von dort brachten sie neben Stoffen, Gewürzen und allerhand Waren auch deutschsprachige Bibeln, Gesang- und Gebetbücher in die entlegensten Gebiete Österreichs. Bauern

lernten so mithilfe der Bücher zu lesen und wurden dadurch mündig gegenüber der Obrigkeit. So wurde die Bibel von der herrschenden Klasse als Gefahr gesehen. Wer mit ihr erwischt wurde, musste mit Gefängnisstrafe oder mit Vertreibung rechnen. Diese weithin unbekannte Seite der österreichischen Geschichte sichtbar zu machen, ist die Intention dieses Weges, der im Oktober 2008 in Ramsau am Dachstein eröffnet wurde. Er ist derzeit über 600 Kilometer lang und in etwa 30 Etappen eingeteilt, wobei der gesamte Weg auch parallel als Radroute zu bewältigen ist.

Der Pilgerweg beginnt im bayerischen Ortenburg und führt bei Passau über die österreichische Grenze nach Schärding. Auf bestehenden Wanderwegen geht es von Nord nach Süd entlang alter Schmugglerpfade bis an die italienische Grenze nach Agoritschach in der Kärntner Gemeinde Arnoldstein. Er verbindet Orte, Städte und evangelische Pfarrgemeinden in vier österreichischen Bundesländern: Oberösterreich, Steiermark, Salzburg und Kärnten.
Unterwegs am Weg trifft man auf beeindruckende Zeugnisse evangelischer Glaubenskraft und staunt über die Stellen, an denen die einstigen „Ketzer" ihre damals verbotenen Lutherbibeln erfindungsreich versteckten, und die Orte, an denen ihnen die Begegnung mit dem Wort Gottes möglich wurde. Unter den geheimen Versammlungsorten, die unter freiem Himmel am „Weg des Buches" liegen, befinden sich die sogenannte Kalmooshöhle zwischen Bad Goisern und Gosau, die Seekarkirche bei Hallstatt oder die Hundskirche in der Nähe des Kärtner Weißensees: Von ihnen geht bis heute eine geheimnisvolle Kraft aus, die selbst kirchenferne Menschen als „Kurorte für die Seele" erleben können.

Vom bayerischen Ortenburg her kommend beginnt der „Weg des Buches" in der reizvollen Barockstadt Schärding am Inn in Oberösterreich und führt über Peuerbach, Eferding, Wallern, Wels und Gmunden bis Ebensee auf bestehenden Wander-, Forst- und

Sonnenaufgang über dem Löckernmoos zwischen Hallstatt und dem Gosausee.

Waldwegen entlang von Flüssen und Seen. In Peuerbach ist der Besuch des Schlosses und des dazugehörigen Bauernkriegsmuseums zu empfehlen, ebenso wie der des Evangelischen Museums Oberösterreich in Rutzenmoos zwischen Attnang-Puchheim und Gmunden. Beide geben interessante Einblicke in die Geschichte der Verbreitung des Protestantismus in Österreich und Europa.
Ab Ebensee beginnt anschließend der alpinere Abschnitt des Weges vom Salzkammergut bis an die Südgrenze Kärntens. Für diesen gebirgigen Abschnitt sind etwa 22 Etappen aufzuwenden.
Die Ischler Berge, das Dachsteinmassiv, die Niederen Tauern, die Nockberge und die Gailtaler Alpen sind dabei zu überqueren und garantieren eine Vielzahl an landschaftlichen Höhepunkten.
Von Ebensee geht es zunächst nach Bad Ischl und weiter nach Bad Goisern. Auf den Weg zum Gosausee gilt es, am Kalmberg die Besichtigung der „Kalmooskirche“ einzuplanen, einer Höhle, die als geheimer Versammlungsort diente. Es kann jedoch auch eine leichtere Variante über das geschichtsträchtige Hallstatt bis an den Gosausee gewählt werden. Ähnlich der Kalmooskirche begegnet

hier die sogenannte Seekarkirche. Aufgrund der jahrtausendealten Geschichte, der unzähligen Kulturdenkmäler und der geologisch beeindruckenden Kulisse wird hier im Dachstein-Salzkammergutgebiet eine UNESCO-Welterberegion durchschritten.
Südlich des Dachsteinmassivs führt der „Weg des Buches" nun in die steirische Ramsau, wo der Ramsauer Toleranzweg einlädt, in die Geschichte des Geheimprotestantismus vor Ort einzutauchen, um anschließend in die Sportstadt Schladming zu kommen.
Nun gilt es, die Niederen Tauern zu überqueren. Der Weg von Schladming über die Preintalerhütte, den Klafferkessel und die Klafferseen bis nach Lessach kann als Königsetappe am Weg des Buches bezeichnet werden. Sie setzt sehr gute Berg- und Alpinerfahrung voraus. Für alle, die darüber nicht verfügen, gibt es die Möglichkeit, über den Giglachsee nach Tamsweg zu gelangen und so den Weg sicher und heil fortzusetzen.
Von Tamsweg führt der Weg weiter über Ramingstein und die Burg Finstergrün, einem wichtigen evangelischen Zentrum, und kommt über die Dr. Josef-Mehrl-Hütte in die Nockberge und weiter nach Arriach. Im Ort, der den geografischen Mittelpunkt Kärntens bildet, steht die größte evangelische Kirche am Weg des Buches. Ein seltenes Naturdenkmal, eine siebenarmige, rund 500-jährige Kandelaberfichte lädt unweit davon zum Rasten ein. Die Fichte wurde bereits vor über 400 Jahren als Grenzbaum urkundlich erwähnt und bestand also schon zur Zeit der Bücherschmuggler.
Über Feld am See und den Mirnock erreicht der Pilgerweg schließlich Fresach mit dem evangelischen Diözesanmuseum. Hier erinnern jahrhundertealte Bibeln sowie Gebet- und Liederbücher an die Zeit des Geheimprotestantismus. Das Toleranzbethaus auf dem Areal des evangelischen Zentrums erinnert daran, dass der protestantische Glaube erst ab 1781 toleriert wurde. Unter den Bethäusern Österreichs ist es das einzige, das seine ursprüngliche Bauform bis heute erhalten hat. Auf der weiteren geschichtlichen Spurensuche begegnet in der Nähe des

Weißensees am Pilgerweg ein seltenes Kulturdenkmal: die sogenannte Hundskirche. Dabei handelt es sich um eine Felswand mit Ritzzeichnungen aus der Zeit des Geheimprotestantismus, die wohl als versteckter Versammlungsort gedient hat.
Der weitere Weg führt ins Gailtal und in zwei Varianten nach Hermagor mit seiner Schneerosenkirche, wobei unterwegs das Toleranzhaus in Watschig und das Schloss Möderndorf mit seinem Heimatmuseum die Erinnerung an die evangelische Geschichte des Gailtales lebendig halten. Zum Schluss umrundet man den Dobratsch, die Villacher Alpe, wobei im Bleiberger Hochtal bis heute die vier Glocken der evangelischen Kirche, die zu den ältesten Gussstahlglocken der Welt zählen, die Gläubigen zum Gottesdienst rufen. Von dort pilgert man, begleitet von dem abwechslungsreichen Panorama der Villacher Alpe auf die Kirche von Agoritschach zu, dem Endziel des Weges.

Im Rahmen des EU-Projekts „European Cultural Route of Reformation" ist derzeit die Erweiterung der ursprünglichen Route in Arbeit: Richtung Norden hin wird der Weg von Ortenburg bis ins sächsische Zwickau führen und den Weg des Buches mit dem sächsischen Lutherweg verbinden. Der südliche Weg orientiert sich

Evangelische Pfarrkirche von Ramsau am Dachstein.

an den Lebensstationen der Gräfin Elvine de La Tour, Gründerin der Stiftung „Diakonie de la Tour“ und führt von Arnoldstein über den Triglav-Nationalpark in die italienischen Weinberge zur Grenzstadt Görz und weiter entlang der Meeresküste nach Triest.

Zum Weg des Buches ist im Buchhandel ein dreibändiges Werk erhältlich, welches neben der Routenbeschreibung auch einen Bibelleseplan für die einzelnen Etappen sowie die Beschreibung der kulturellen Sehenswürdigkeiten am Weg beinhaltet. Eine besondere Qualität liegt im Begehen des Weges mit einem der vielen evangelischen Wanderführer und Pilgerbegleiter (Adressen auf der Homepage).

Fußpilgerweg

Strecke	Ortenburg (Bayern) → Agoritschach (Kärnten)
Weglänge	etwa 621 km, mit Varianten rund 710 km
Höhenlage	270 m bis 2 702 m Seehöhe
Etappen	30

Radpilgerweg

Weglänge	etwa 770 km
Höhenlage	270 m bis 2 050 m Seehöhe
Etappen	16

Info	www.wegdesbuches.at Evangelische Kirche A.B. in Österreich/ Evangelisches Zentrum Wien Severin-Schreiber-Gasse 3, 1180 Wien T: +43 (0)1 479 15 23–111, E: office@okr-evang.at
Buchtipp	Der Weg des Buches; Bibelleseplan zum Weg des Buches; Das Buch zum Weg; Drei Bände, einzeln erhältlich, Salzburg, 2009

31
29 TIMMELSJOCHSTRASSE
1h30'
AVS

PILGERN EINMAL ANDERS

Spirituelles Unterwegssein mit besonderen Herausforderungen

Wer von Pilgern spricht, hat meist das Bild des Fußpilgers im Kopf, der auf gängigen Wegen und Straßen durch das Land zieht, oder vielleicht einer Wallfahrergruppe, welche sich per Bus auf den Weg zu einem Pilger- und Wallfahrtsziel macht. Im Gegensatz dazu sind die unter „Pilgern einmal anders“ vorgestellten Wege mit stärkeren körperlichen und organisatorischen Herausforderungen verknüpft

So ist der Donau-Alpen-Adria-Radpilgerweg nicht ausdrücklich markiert. Die Initiatoren wollten Marienheiligtümer von der Donau bis an die Adria miteinander verknüpfen und dies mit dem Radfahren verbinden. Teilweise sind Tagesstrecken mit bis zu 155 Kilometern zurückzulegen. „Den grauen Asphalt unter den Rädern dahinfließen zu sehen: das ist Meditation“, so drückte es einmal ein Radpilger aus. Zudem müssen auch die Rastpausen und die Einkehr in den Marienkirchen am Weg eigenverantwortlich gewählt werden. Ein Weg, der viel Freiheit lässt, aber auch einiges an Eigenverantwortung zumutet.

Dasselbe gilt für die alpinen Pilgerwege, welche in besonderer Weise die Schönheit der Bergwelt, deren Ruhe und Einsamkeit mit der Verantwortung für ein alpines Unternehmen verknüpfen. „Viele Wege führen zu Gott – einer davon über die Berge", meint ein bekanntes Bergwander-Sprichwort. Die Berge als Gleichnis für das spirituelle Unterwegssein des Menschen, aber auch für Gott zu sehen, ist die tiefere Dimension dieser Art des Pilgerns.

Der Romediusweg, der Pilgerweg „Hoch und Heilig" sowie der höchste Kreuzweg der Alpen in Prägraten am Großvenediger stehen für einen solchen Zugang.

Donau-Alpen-Adria-Radpilgerweg

BAYERN • SALZBURG • KÄRNTEN • ITALIEN

Im Zeichen von Maria von der Donau an die Adria

Wichtige Marienwallfahrtsorte zwischen Donau und Adria für Radpilger und Radsportler zu verbinden und zu erschließen, war das Anliegen des ehemaligen Pfarrers von Großgmain in Salzburg, Herbert Schmatzberger. So vereinte er Spirituelles, sportliche Bewegung und gemeinschaftliches Erleben erstmals 2003 in einer Radpilgertour. Daraus entstand die Pilgerstrecke des Donau-Alpe-Adria-Radpilgerweges von Passau nach Grado.

Wenngleich auf der Route äußerliche Hinweise auf diesen Pilgerweg fehlen, sind auf der Strecke eindrucksvolle Marienheiligtümer wie auf einer Perlenkette aneinandergereiht. Es gilt, die meditative

Monotonie der Straße zu erfahren, die Vielfalt der Landschaft zu spüren und immer wieder anzuhalten und zu verweilen: um einzutauchen in die Stille der Gotteshäuser und ins Gebet, um sich zu vertiefen in Geschichte und Gestaltung der Bauwerke. Ein spiritueller Weg der etwas anderen Art.

Für sehr Sportliche ist die rund 580 Kilometer lange Strecke von Passau nach Grado in vier Tagen zu bewältigen. Wer sich jedoch stärker auf die abwechslungsreiche Landschaft einlassen und Kirchen, Ortschaften und Kultur genießen möchte, sollte etwa neun Tage für die Tour zur Madonna di Barbana in Grado einplanen, einem der bekanntesten Marienheiligtümer Italiens.

Die Urstrecke des Donau-Alpe-Adria-Radpilgerweges beginnt in Passau beim Paulinerkloster Mariahilf. Vor dessen Gnadenbild betete Kaiser Leopold I. 1683 auf der Flucht vor der Belagerung Wiens durch die Türken. Als deren Vormarsch gestoppt werden konnte, schrieb er es der Hilfe Mariens zu. Das Passauer Mariahilf-Bild wurde zum habsburgischen „Staatsgnadenbild", und das Marienheiligtum zu einem vielbesuchten Wallfahrtsort, der seit 2002 vom Orden der Pauliner betreut wird.

Von Passau aus folgt die Route dem Tauernradweg bis nach Burghausen mit der längsten Burganlage der Welt. Die prächtige historische Altstadt verdankt ihren reichen Schmuck dem Salzhandel, für den sie ein wichtiger Umschlagplatz war. So kommt der Radpilger in die Stille-Nacht-Gemeinde Oberndorf mit der gleichnamigen Gedächtniskapelle, beliebter Anziehungspunkt für Menschen aus aller Welt. Hier lohnt sich auch ein Abstecher zur Wallfahrtskirche Maria Bühel und zur barocken Kalvarienbergkapelle mit einem herrlichen Rundblick in die Umgebung. Von Oberndorf führt der Radweg stets entlang der Salzach und erreicht Salzburg mit seinen zahlreichen kulturellen und spirituellen Kostbarkeiten.

Das nächste bemerkenswerte Marienheiligtum ist die Wallfahrtskirche Großgmain am Fuße des sagenumwobenen Untersbergs. Hierher führen die ältesten durchgehenden Marienwallfahrten des Landes Salzburg. Das Gnadenbild, die „Schöne Madonna", stammt aus dem Jahre 1400. Hinter der Kirche befindet sich ein interessanter Marienheilgarten, welcher die kosmische Verbundenheit zwischen Gott und der Schöpfung, Theologie und Mythologie, Geomantik und Flora des Gartens zu einem harmonischen Ganzen verbindet. Damit sind die ersten 155 Kilometer absolviert. Über Hallein und den Pass Lueg führt der weitere Weg in den Süden nach Werfen.

Dort gibt es zwei Möglichkeiten: über die Nockberge nach Kärnten zu fahren oder etwas gemütlicher per Bahn durch die Tauernschleuse Böckstein–Mallnitz ins kärntnerische Mölltal. Die Urstrecke des Radpilgerweges führt von Werfen weiter nach Eben im Pongau und über den Ennstalradweg zur

Wallfahrtskirche nach Altenmarkt. Die dortige „Schöne Madonna“ ist eines der bekanntesten hochmittelalterlichen Kunstwerke der Erzdiözese Salzburg.

Nach einer etwas beschwerlichen Fahrt über die Tauern kommt man nach Mariapfarr, zur Mutterkirche des Lungaus. Die mächtige Kirche wurde im 13. Jahrhundert als romanischer Bau errichtet und in der Gotik erweitert. Ihren Höhepunkt hatte die Wallfahrt nach Mariapfarr in der Barockzeit. Aufschluss darüber gibt das dortige Wallfahrtsmuseum. Im Pfarrhof Mariapfarr wurde 1816 der Liedtext von „Stille Nacht“ von Pfarrer Josef Mohr verfasst. Hier ist das Ende des zweiten oder vierten Tages.

Gleich in der Nähe von Mariapfarr befindet sich auf der weiteren Strecke der Wallfahrtsort St. Leonhard bei Tamsweg mit seiner Leonhardkirche und deren kostbaren Glasfenstern, dem qualitätsvollsten und geschlossensten Bestand im Land Salzburg.

Das Marienheiligtum der „Madonna di Barbana“ auf einer Insel in der Lagune von Grado.

Weiter geht es von Tamsweg über die Dr. Josef-Mehrl-Hütte nach Innerkrems und Spittal an der Drau, wo man auf den Drauradweg kommt und diesem ab hier folgt.

Wer sich die Fahrt über die Berge ersparen möchte, folgt dem Alpe-Adria-Radweg von Werfen nach St. Johann im Pongau und dem Gasteiner Tal nach Böckstein. Durch den Tauerntunnel wird per Bahn Mallnitz erreicht. Von dort geht es in Richtung Spittal entlang des Mölltalradweges weiter, dort finden die beiden Radpilgerstrecken wieder zusammen.

Mit Spittal ist nun eine Stadt mit bewegter Geschichte am Handelsweg zwischen Venedig und dem Norden erreicht. Im Jahre 1191 legten die Grafen von Ortenburg mit der Gründung eines Hospitals den Grundstein für die aufblühende Stadt, in deren Zentrum sich das beeindruckende Schloss Porcia mit seinem dreigeschossigen Arkadenhof befindet. Von italienischen Meistern wurde hier ein einzigartiges Kunstwerk der Renaissance geschaffen.

Entlang des Drauradweges geht es drauabwärts nach Villach und Maria Gail. Letztere hat als aquileiische „Urpfarre" eine starke Verbundenheit mit dem Ziel des Radpilgerweges. Die Wallfahrtskirche birgt zahlreiche Kunstschätze, darunter den berühmten Flügelaltar der sogenannten Villacher Schule, um 1515 entstanden, und die holzgeschnitzte Schutzmantelmuttergottes von 1600.

Bald ist nun die Grenze zu Italien erreicht und über den Grenzübergang Thörl-Maglern kommt der Radpilgerweg in das Kanaltal mit einem wunderbaren Abschnitt entlang der aufgelassenen Eisenbahnstrecke. Bei Tarvis lohnt es sich, die Radpilgerstrecke für ein paar Stunden zu verlassen und mit der Seilbahn das Marienheiligtum am Monte Lussari zu besuchen.

Es ist der „Berg der drei Völker“, da er gleichermaßen für Österreich, Slowenien und Italien als Wallfahrtsort inmitten der Alpe-Adria-Region von Bedeutung ist.

Über Udine und Palmanova wird Aquileia erreicht und schließlich Grado. Die Insel der Madonna di Barbana in der Lagune von Grado ist mit dem Schiff zu erreichen. Das ermöglicht ein ruhiges und besinnliches Ankommen am Ziel der Pilgerreise. Das Heiligtum ist eine Gründung des Patriachen Elia aus dem Jahre 582. Damit zählt es zu den vielleicht ältesten Wallfahrtsstätten der Christenheit. Die heutige Wallfahrtskirche ist bereits die dritte, die an dieser Stelle errichtet wurde.

Der Alpe-Adria-Radweg von Salzburg nach Grado ist im Internet sehr gut mit einer detaillierten und ausführlichen Beschreibung dargestellt. Er ist gut beschildert und praktischerweise gibt es zur Strecke ein Handbuch (siehe unten). Für die Rückreise von Udine nach Villach und weiter in den Norden gibt es eine eigene Tagesrandverbindung der Österreichischen Bundesbahnen.

Strecke	Passau → Mariapfarr → Grado
Weglänge	etwa 580 km
Höhenlage	0 m bis 1 739 m Seehöhe

Variante Alpen-Adria-Radweg

Strecke	Salzburg → Mallnitz → Grado
Weglänge	etwa 410 km
Höhenlage	0 m bis 1230 m Seehöhe

Info	www.alpe-adria-radweg.com www.tauernradweg.com
Buchtipp	*Alpe Adria Radweg, Von Salzburg an die Adria.* Ein original bikeline-Radtourenbuch, 2017

Bergpilgerweg „Hoch und Heilig“

TIROL • KÄRNTEN

Pilgern in alpiner Bergwelt

Der Bergpilgerweg „Hoch und Heilig“ verbindet Weitwandern in alpiner Bergwelt mit Pilgern. Er lädt ein, über Berge und Grenzen hinweg zu wandern und innere Einkehr zu halten. Stille Wege führen durch Osttirol, und darüber hinaus auch durch Kärnten und Südtirol – über Bergjoche zu heiligen, kraftspendenden Orten.

Der Bergpilgerweg führt auf 191 Kilometern, aufgeteilt in neun Tagesetappen, von Lavant über Innichen nach Heiligenblut, immer mit einem religiös bedeutsamen Ort als Etappenziel. Er verbindet jahrhundertealte Pilgerstätten, Wallfahrtsorte und Kapellen, und ist dabei spirituellen, historisch und kulturell bedeutsamen Schätzen auf der Spur. Neben den bekannten Marienwallfahrtsorten Maria Luggau, Kalkstein in Innervillgraten und Obermauern in Virgen werden auch Kleinode der Region, wie St. Korbinian in Assling und St. Oswald in Kartitsch aufgesucht.

Ein stimmungsvoller Auftakt ist die Morgenmesse im Franziskanerkloster Lienz, die täglich um 8 Uhr früh beginnt. Von dort wählt man den Zugang nach Lavant über den Kosakenfriedhof entlang der Drau und den Lavanter Kirchbichl. Oben angekommen, offenbart sich ein besonderer Ort mit der Marienwallfahrtskirche St. Ulrich, der Kirche St. Peter und Paul, den Ausgrabungen aus römischer Zeit und der frühchristlichen Bischofskirche. Über den Tristacher See und einigen Kapellen am Weg wird Leisach erreicht.
Vorbei an der Lienzer Klause und dem Römerweg gelangt man nach St. Korbinian, dem ersten Etappenziel. Die Kirche gilt als

Das Schliederle Kirchle bei Kals.

eine der schönsten spätgotischen Gotteshäuser Tirols, zwei ihrer Flügelaltäre werden Friedrich Pacher zugeschrieben.

Von dort geht es südlich in Richtung Kofelpass und entlang der Schlucht des Leisacher Almbachs auf die Passhöhe. Die Leisacher Alm bietet sich als wunderbarer Aussichts- und Rastpunkt an. Bergab weiter führt der Weg in Richtung Guggenberg, und man gelangt durch eine besonders ursprünglich erhalten gebliebene, bergbäuerliche Kulturlandschaft zum Tagesziel, der Basilika von Maria Luggau und dem angeschlossenen Servitenkloster.

Am weiteren Weg nach Obertilliach wird die bekannte und einzigartige Kulturlandschaft der Obertilliacher Felder passiert, ehe es zum Pfannegg aufwärts geht. Ein herrlicher Panoramablick lässt jedoch bald die Mühen des Aufstiegs vergessen, und so kommt man innerlich gestärkt talabwärts nach St. Oswald.

Von dort geht es nach Kartitsch zur Pfarrkirche St. Leonhard und weiter zur Wallfahrtskirche Maria Hilf in Hollbruck. Bald ist Sillian erreicht, und entlang der Drau geht es über Ambach und Winnebach dem Ziel, der romanischen Stiftskirche von Innichen entgegen. Das Kloster zum hl. Candidus wurde 769 von Herzog Tassilo als Stützpunkt für die Missionierung der Slawen gegründet und ist eines der ältesten Klöster der Alpen.

Auf der nächsten Etappe von Innichen nach Kalkstein geht es erstmal recht hoch hinauf auf das 2 545 Meter hohe Marchkinkele. Die Wallfahrtskirche Maria Schnee mit dem angeschlossenen „Haus Betanien“ der Kalasantiner-Gemeinschaft ist ein gastfreundliches Zentrum, welches einlädt, durchaus ein paar Tage zu verweilen, um Stille und Gebet in einer eindrucksvollen Berglandschaft zu suchen.

Der nächste Abschnitt führt wieder hinauf zum Villgrater Törl auf 2510 Meter Seehöhe, ehe der Abstieg nach St. Jakob im Defreggental erfolgt.

Von der dortigen Pfarrkirche St. Jakob startet der Weg über Tögisch und über weitläufige alpine Blumenwiesen auf den Tögischer Berg und erreicht langsam die hochalpine Zone mit den Gritzer Bergseen, die an warmen Sommertagen zum Baden einladen. Den höchsten Punkt bildet auf dieser Etappe das Virger Törl mit 2 615 Metern. Von dort erfolgt der Abstieg nach Obermauern zur Wallfahrtskirche Maria Schnee.

Pilger vor einem Wegkreuz in Obermauern.

Hier wird einem romantischen Feldweg gefolgt, der den Wallfahrtsort Maria Schnee mit Virgen verbindet und als der wohl am meisten begangene Wallfahrerweg Tirols gilt. Das Virgental ist das Ursprungsgebiet der Isel. Sie ist einer der letzten naturbelassenen Gletscherflüsse der Ostalpen. Über die am Weg liegende romanische Nikolauskirche gelangt man nach Matrei mit dem „Landdom“ St. Alban im Zentrum. Im Nationalparkhaus ist einiges an Information über den Nationalpark Hohe Tauern zu erfahren, durch den der Pilgerweg über weite Strecken führt. Ab hier beginnt der Anstieg zum Kals-Matreier-Törl. Das gleichnamige Schutzhaus bietet Rast, gute Verköstigung und einen herrlichen Ausblick auf die vielen umgebenden Dreitausender. Das Etappenziel dieses Tages ist Kals.

Hier wird ein letztes Mal genächtigt, ehe es auf der letzten Etappe mit dem höchsten Punkt des Pilgerweges, der Glorer Hütte am Berger Törl (2 651 m) auf Heiligenblut zugeht. Kurz vor dem Ziel lädt die Bricciuskapelle nochmal zu einer stillen Rast ein und bald danach ist das Ziel, die Wallfahrtskirche Heiligenblut, erreicht.

Zu bewältigen sind am Pilgerweg „Hoch und Heilig“ Etappen zwischen 19 und 25 Kilometern und mit meist über tausend Höhenmetern. Dafür ist eine gewisse Bergerfahrung notwendig, gegebenenfalls sollte ein Ruhetag eingeplant werden.
Beschildert ist der Weg mit dem Logo des Bergpilgerweges. Dieses, nämlich ein blaues und ein gelbes Dreieck mit einem (Gipfel-)kreuz, symbolisiert Pilgern über Berge und Grenzen, stellt die Begegnung von Himmel und Erde dar und den Aufbruch hin zu Neuem.

Strecke	Lavant → Heiligenblut Region Osttirol
Weglänge	etwa 191 km
Höhenmeter	Auf- und Abstieg: etwa 13 000 hm
Höhenlage	989 m bis 2 651 m Seehöhe
9 Etappen	Lavant → St. Korbinian, 19,7 km, 6 h St. Korbinian → Maria Luggau, 19,2 km, 7 h Maria Luggau → St. Oswald, 25,3 km, 7 h St. Oswald → Innichen, 24,2 km, 7 h Innichen → Kalkstein, 14,5 km, 7 h Kalkstein → St. Jakob, 20,4 km, 8 h St. Jakob → Obermauern, 20,2 km, 8 h Obermauern → Kals, 24,9 km, 9 h Kals → Heiligenblut, 22,5 km, 8 h
Info	www.hochundheilig.eu **Bildungshaus Osttirol** Kärntner Straße 42, 9900 Lienz T: +43 (0)4852 65133, E: office@bildungshaus.info www.bildungshaus.info

Hochalpines Pilgern am Großvenediger

TIROL

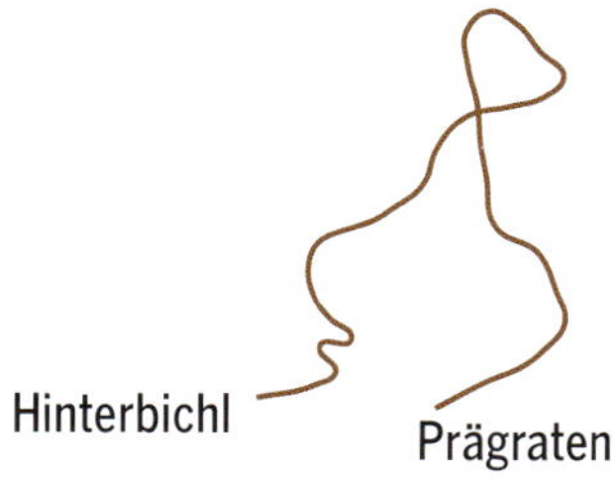

Der höchste Kreuzweg der Alpen – die Lebensschule der Gebirgswelt

Der höchste Kreuzweg der Alpen in Prägraten am Großvenediger mit seinen 14 Stationen verläuft hochalpin am Fuße der zentralen Venedigergruppe und ist alpenweit der höchste seiner Art. Das Gehen des Kreuzweges, für gewöhnlich in Kirchen situiert oder entlang von Kalvarienbergen, findet mit diesem Pilgerweg eine besondere Form des spirituellen Unterwegsseins.

Entlang bestehender Höhenwege wurde der Pilgerweg 2016 angelegt. Er ist im wahrsten Sinne des Wortes lebens-nah: sowohl lieblich und sanft als auch hochalpin und steil. So will dieser Weg die Schöpfung und all ihre Erscheinungsformen mit dem Kern des christlichen Glaubens verbinden.

Schaut man auf diesem Weg in die Weite, so bleibt der Blick immer an einem Dreitausender hängen: ob Großer Geiger, Großer Happ, Rainerhorn, Großvenediger, Simonyspitzen, Lasörling – sie alle bestimmen die beeindruckende Kulisse des Weges, der über weite Strecken durch den Nationalpark Hohe Tauern in Osttirol verläuft. Insgesamt gibt es hier fünfzig Dreitausender, sechs von ihnen werden entlang des Pilgerweges überschritten. Angesichts der grandiosen Landschaft kann hier jeder Pilger seinen eigenen Zugang zur Schöpfung und zum Gebet finden.

Die Stationen sind jeweils in Form von Serpentinsteinen markiert. Serpentinite werden in den Steinbrüchen oberhalb von Hinterbichl gewonnen und seit über 3 000 Jahren als Schmuck- und Dekorsteine verarbeitet. An diesen Steinen hat der Prägratner Raimund Gröfler mit Hammer und Meißel jeweils ein Kreuz, ein Herz und die Stationsnummer eingraviert. Darüber hinaus geht der Weg an drei Kapellen vorbei – der Hubertuskapelle in Ströden/Hinterbichl, der Heiliggeistkapelle in Bichl und der Mariahilf-Kapelle in Wallhorn. Am Ende des Weges wartet die Pfarrkirche zum hl. Andreas in Prägraten.

Der Weg startet bei der 2015 geweihten Hubertuskapelle in Ströden/Hinterbichl. Von dort geht es Richtung talauswärts und danach weiter am Panoramaweg, vorbei am Wieserkreuz, nach Bichl zur Heiliggeistkapelle, der zweiten Station. Durch den Lärchenwald ansteigend kommt man zur dritten Station und geht der Stabanthütte entgegen. Danach geht es zum Marterl auf der Katinalm und durch das üppige Blütenmeer der Katinmähder zur neuen Sajathütte auf 2 575 Metern, wo die erste Übernachtung eingeplant werden sollte.
Am nächsten Tag beginnt der hochalpine Abschnitt des Kreuzweges, der eine gute bergsteigerische Erfahrung voraussetzt. Der weitere Wegverlauf erschließt drei Kreuzwegstationen und führt bis auf die 3 054 Meter hohe Tulpspitze. Von dort folgt der Abstieg zur siebenten Station bei der Eisseehütte, wo die nächste Übernachtung einzuplanen ist.
Für diesen Abschnitt gibt es allerdings auch eine Variante für weniger Bergerfahrene über wunderschöne Höhenwege mit herrlichem Panorama. Sie führt auf nur etwa 2 500 Meter Seehöhe hinauf und ist damit deutlich einfacher als die Route über die Tulpspitze.
Die dritte Etappe führt zuerst in die Kleinbachalm mit dem Eissee und der achten Station. Von dort folgt der Aufstieg zum höchsten Punkt des Kreuzweges, der 3 300 Meter hohen

Pilgern in der Bergwelt der Venedigergruppe.

Weißspitze mit einer atemberaubenden 360-Grad-Gipfelschau. Der Abstieg geht zurück zur Eisseehütte. Wer den letzten Abend in den Bergen genießen möchte, kann eine weitere Übernachtung in der Eisseehütte wählen, und am nächsten Morgen sich der zwölften Station bei der Bodenalm und von dort in aller Ruhe dem Abstieg ins Tal nach Wallhorn widmen. Dort wartet bei der Mariahilf-Kapelle die 13. Station, bevor es in den Ortskern von Prägraten und zum Endpunkt des hochalpinen Kreuzweges, der 14. Station bei der Pfarrkirche St. Andreas geht.

Im Frühsommer ist entlang des Weges noch mit Schnee und Firnfeldern zu rechnen. Da sind oftmals Steigeisen oder Grödel unbedingt erforderlich. Trittsicherheit und Schwindelfreiheit sind in jedem Fall notwendig.
Wer den höchsten Kreuzweg der Alpen in Begleitung eines professionellen Bergführers erleben, erwandern und ersteigen möchte, für den wurde das Gesamtpaket „Erlebnis höchster Kreuzweg der Alpen in der Venedigergruppe“ kreiert, das über das Venediger-Bergführerbüro gebucht werden kann.

Strecke	Ströden/Hinterbichl → Stabanthütte → Sajathütte → Eisseehütte → Prägraten
Weglänge	etwa 30 km
Höhenmeter	Aufstieg: 2 875 hm, Abstieg: 2 980 hm
Höhenlage	1 420 m bis 3 300 m Seehöhe

Variante über Timmeltal-Höhenweg

Weglänge	etwa 25 Kilometer
Höhenmeter	Aufstieg: 2 009 hm, Abstieg: 2 066 hm
Höhenlage	1 420 m bis 2 735 m Seehöhe
4 Etappen	Ströden/Hinterbichl → Bichl → Stabanthütte → Sajathütte, 5 h Sajathütte → Kreuzspitze → Tulpspitze → Eisseehütte, 5 h *Variante über Timmeltal Höhenweg zur Eisseehütte, 2,5 h* Eisseehütte → Weißspitze → Seewandspitze → Eisseehütte, 7,5 h Eisseehütte → Prägraten am Großvenediger, 6 h

Info	www.osttiroler-hoehenwege.at/hochalpiner-pilgerweg www.paradiespraegraten.at www.osttirol.com **Tourismusinfo Prägraten** St. Andrä 35a, 9974 Prägraten am Großvenediger T: +43 (0)50 212 530, E: praegraten@osttirol.com www.paradiespraegraten.at **Venediger Bergführer** (Bergführerbüro) St. Andrä 35 a, 9974 Prägraten a. Gr. T: +43 (0)699 10696 544, E: venediger-bergfuehrer@aon.at www.venediger-bergfuehrer.at

Romedius-Pilgerweg

TIROL • ITALIEN

Auf historischen Pfaden über die Alpen

Der Pilgerweg von der Tiroler Gemeinde Thaur, etwa sechs Kilometer östlich von Innsbruck, nach San Romedio im Trentino ist ein wahres Naturerlebnis: wunderschöne Landschaften, Almen und Bergübergänge ebenso wie stimmungsvolle Wallfahrtsstätten, Bildstöcke und Wegkreuze begleiten die Pilger auf der Strecke.

Der hl. Romedius gilt als Lokalheiliger des Tiroler Raums und als Schutzpatron der Pilger und wird meist mit Pilgermuschel und Bären dargestellt. Einst soll er Hab und Gut verschenkt haben, um nach Rom zu pilgern, und wurde dann später Einsiedler in Tavon auf dem Nonsberg. Die historische Forschung tendiert heute dazu, ihn dem Geschlecht der Andechser zuzuordnen (11. Jahrhundert) und nimmt die Burg Thaur bei Innsbruck als seinen Herkunftsort an.

Im Jahr 2013 begannen der Bergwanderführer Hans Staud und der Pfarrer Martin Ferner damit, sich mit dem Schutzpatron der Pilger auseinanderzusetzen. Sie durchforsteten historische Aufzeichnungen und Landkarten. So versuchten sie zu rekonstruieren, welchen Weg der hl. Romedius wohl genommen haben könnte, und der Romedius-Pilgerweg wurde ins Leben gerufen. Genau lässt sich der Weg wohl nicht mehr feststellen, trotzdem haben sich die Initiatoren aufgemacht und sind seinen Spuren nachgegangen. Dabei werden Grenzen im vielfachen Sinn überschritten: zum einen geografisch zwischen Nord- und Südtirol und dem Trentino, zum anderen fordert der Weg dem Pilger selbst so manche innere Grenzüberschreitung ab.
Zum 50-Jahr-Jubiläum der Diözese Innsbruck, die davor Teil der Diözese Brixen war, wurde der Pilgerweg 2014 eröffnet, der seitdem die beiden Diözesen verbindet.

Der Pilgerweg beginnt in Thaur beim Romediuskircherl gleich in der Nähe des Schlosses, das einst eine der größten Burganlagen im Inntal war. Auf der zweiten Etappe kommt man zur Wallfahrtskirche Maria Waldrast am Fuße der Serles und damit zu einem der höchstgelegensten Klöster Europas auf 1 638 Meter Seehöhe. Es wird von den Patres des Servitenordens betreut und bietet neben Gasthof auch eine Beherbergungsmöglichkeit für Ruhesuchende. Der Weg führt weiter nach Trins, wo sich die Häuser in rätoromanischer Bauweise zu einem verwinkelten Haufendorf zusammendrängen. Vorbei am Obernbergersee wird am Portjoch die Staatsgrenze erreicht.

Nun geht es entlang eines ehemaligen Militärpfads steil abwärts ins Pflerschtal, um dann auf der anderen Talseite wieder zur Mauerscharte mit 2 511 Metern aufzusteigen. So wird Maiern im Ridnauntal, ein ehemaliges Zentrum des Bergbaus, erreicht, wo das Südtiroler Bergbaumuseum zu einem Besuch einlädt. Anschließend folgt der Anstieg auf den höchsten Punkt des

Weges, der knapp 2 700 Meter hohen Schneebergscharte. Eine herrliche Rundumsicht belohnt hier den langen Aufstieg, und die Schutzhütte St. Martin am Schneeberg mit dem Knappenkirchlein ist eine willkommene Nächtigungsmöglichkeit.

Steil abwärts setzt sich der Weg ins Passeiertal fort, hier steht genau auf der Hälfte der Strecke vor dem Passer Bach ein Bildstöckel mit einem Relief des hl. Romedius und ein Pilgerbuch, das zum Eintragen anregt. Über Moos und Pfelders geht es durch die alpine Bergwelt und dem Faltschnaljöchl sowie dem Spronser Joch zur Bockerhütte. Beim Spronser Joch begegnet mit den Spronser Seen auch die größte hochalpine Seenplatte Südtirols mit zehn Seen. Das größte Gewässer ist der Langsee auf 2 384 Metern.

Die Stadt Meran, der tiefste Punkte des Weges mit knapp 300 m Seehöhe, lädt bald darauf zum Ausrasten und Krafttanken ein, ehe es über Völlan, dem Gampenpass und dem Wallfahrtsort „Unserer Lieben Frau im Walde“ nach Romeno geht. Hier wird

Südtirol verlassen, und der alpine Pilgerweg des hl. Romedius findet im trentinischen San Romedio an dessen Grab sein Ziel.

Der Romedius-Pilgerweg erfordert etwa 12 Tage und ist für Bergwanderer mit guter körperlicher Verfassung und Kondition zu schaffen. Bergerfahrung mit Trittsicherheit und Orientierungsvermögen ist auf einzelnen Streckenabschnitten gefordert. Unterkünfte auf Schutzhütten oder in Gasthöfen sollten im Voraus gebucht werden, damit eine bequeme Übernachtung gesichert ist. Aufgrund der Höhenlage der Gebirgsübergänge (Portjoch, Maurerscharte, Schneebergscharte, Spronser Joch) ist es möglich, dass an deren Schattseiten mit Schnee bis Ende Mai zu rechnen ist. Auch die Schutzhütten sind erst ab Mitte Juni bewirtschaftet. Daher ist der Pilgerweg nur von Mitte Juni bis Oktober gut begehbar.

Gerade am Romediusweg gilt: Bei der Angabe der Gehzeit handelt es sich nur um eine Richtzahl. Der normale Geher wird mit der angegebenen Zeit auskommen, der besser Trainierte möglicherweise die Zeit unterschreiten. Sicher gibt es auch Pilgerinnen und Pilger, die länger brauchen, weil sie von Zeit zu Zeit innehalten, um sich von der Schönheit der Schöpfung berühren zu lassen.

Strecke	Thaur → San Romedio (von Mitte Juni bis Oktober begehbar)
Weglänge	etwa 185 km
Höhenmeter	Aufstieg: 9 801 hm, Abstieg: 9 783 hm
Höhenlage	293 m bis 2 700 m Seehöhe
Etappen	12
Info	www.romedius-pilgerweg.at **Bergwanderführer Hans Staud** T: +43 (0)676 606 23 42, E: j.staud@aon.at

Hinweise zum Unterwegssein auf den österreichischen Pilgerwegen

Alpine Bereiche

Zahlreiche Pilgerwege oder einzelne ihrer Wegetappen verlaufen in Österreich im alpinen Gelände. Hier ist zu beachten, dass diese Etappen jahreszeitlich bedingt nur eingeschränkt begehbar sind und es einer gewissen Kondition und Trittsicherheit bedarf. Da die Nächtigungsmöglichkeiten auf den alpinen Schutzhütten eingeschränkt sind, führen diese Abschnitte nicht selten über längere Distanzen und es sind einige hundert Höhenmeter zu überwinden. Die Ausrüstung ist den Gegebenheiten anzupassen und das Wissen über Gefahren im Gebirge sowie über das Verhalten in den Bergen ist Voraussetzung.
Wer darüber nicht verfügt, sollte die Tour mit einem Bergwanderführer oder einem entsprechend ausgebildeten Pilgerbegleiter durchführen. Mancherorts ist mitunter auch eine Wegvariante im Tal möglich.

Ausrüstung

Über Ausrüstung und Packlisten gibt es zahlreiche Literatur, unter anderem auch bei den diversen Pilgerwegbeschreibungen im Internet. Als Packgewicht wird etwa ein Zehntel des eigenen Körpergewichts empfohlen. Grundsätzlich sollte die Bekleidung der Jahreszeit angepasst, und eine kleine Reiseapotheke sowie Kartenmaterial immer mit dabei sein. Wird der Rucksack zu schwer, gilt im Zweifelsfall: Weniger ist mehr. Die meisten Dinge, welche für eine Pilgerwanderung nötig sind, gibt es durchaus unterwegs auch zu kaufen.

Info-Quellen

Eine gute Vorbereitung ist bereits der erste Schritt zum Unterwegssein. Je genauer im Voraus die Kenntnisse über den Weg sind, desto entspannter kann der Weg selbst beschritten werden. Dafür gibt es zahlreiche Informationsquellen. Fast alle Pilgerwege und ihre Etappen sind im Internet oder über Apps mit Wegbeschreibung, Kartenmaterial, Höhenprofilen und vielen weiteren Informationen vertreten. Entsprechende Hinweise auf die jeweiligen Homepages der Pilgerwege sind im jeweiligen Informationsblock enthalten. Darüber hinaus gibt es in der Region des betreffenden Weges teilweise engagierte Arbeitsgemeinschaften, welche ihn betreuen und bei Fragen mit einer persönlichen Beratung gerne weiterhelfen.

Ebenso bieten viele Tourismusbüros diverse Serviceleistungen an – vom Kartenmaterial, wegbegleitenden Broschüren bis hin zur Hilfestellung bei der Suche nach Unterkünften.

Mobilität

Pilgern ist ein nachhaltiges und respektvolles Reisen. In diesem Sinne ist die Nutzung öffentlicher Verkehrsmittel für die An- und Abreise zu empfehlen. Hilfreich ist es auch, bereits im Vorfeld zu klären, welche Möglichkeiten für kurzfristige Transfers es im Umfeld der Route gibt. Es kann durchaus vorkommen, dass Starkregen oder eine Verletzung die geplante Etappe ungewollt verkürzen und ein Transport zur nächsten Unterkunft benötigt wird. Die Büros in den Tourismusregionen geben über Mobilitätsangebote gerne Auskunft.

Orientierung und Markierung

Die Karten in diesem Buch sollen Orientierungshilfe geben. Darüber hinaus gibt es für alle Pilgerwege detaillierte Karten – sowohl in Printversion als auch online im Internet und am Smartphone abrufbar. Zwar besitzt jeder Pilgerweg ein eigenes Logo, welches sich entlang des Weges auf Hinweisschildern oder Aufklebern wiederfindet, eine Wanderkarte zum jeweiligen Streckenabschnitt ist jedoch immer empfehlenswert. Da die Pilgerwege vielfach auf öffentlichen Wanderwegen verlaufen, geben diese mit ihren Wegnummerierungen ebenfalls eine gute Orientierung.

Die Wege sind meist gut ausgeschildert, jedoch „verschwinden" immer wieder einmal Tafeln oder Markierungen. Mitunter können ein befristet gesperrtes Forst- oder Jagdgebiet, Windbruch oder eine Hangrutschung einen Umweg erforderlich machen.
In all diesen Fällen hilft eine Wanderkarte oder eine digitale Karte beziehungsweise ein GPS-Gerät noch immer am besten weiter.

Pilgerbegleitung

Pilgern ist ein sehr individuelles Unterfangen. Trotzdem zieht es so mancher vor, in Gemeinschaft unterwegs zu sein und gemeinsam die Erfahrung des Weges zu machen. Dazu gibt es in allen Bundesländern geführte Pilgerwanderungen, die von den Kirchen, den Pilgerweg-Vereinen oder den Tourismusbüros angeboten werden. Ein großes Netz an Pilgerbegleiterinnen und -begleitern steht in vielen Regionen zur Verfügung. Auf den Homepages der Pilgerwege oder der Tourismusregionen finden sich fast ganzjährig diverse Angebote.

Pilgerstempel

Pilgerpässe sind für viele eine schöne Erinnerung an das Unterwegssein. Der Erwerb eines entsprechenden Pilgerpasses erfolgt über die Pilgerwegorganisation. Es sei jedoch darauf hingewiesen, dass nicht alle Wege über entsprechende Pilgerpässe und Stempelstationen verfügen.

Schuhwerk

Auf den Pilgerwegen kommt es durchaus immer wieder zu längeren Strecken auf asphaltierten Straßen. Dies ist in einem dicht besiedelten Land wie Österreich nicht anders möglich. So ist es hilfreich, zusätzlich zu den festeren Wanderschuhen ein zweites Paar leichter Trekkingschuhe mitzunehmen.

Unterkünfte

In Österreich gibt es nicht jene Tradition der Pilgerherbergen, wie sie beispielsweise in Spanien zu finden ist. So sollte man die Unterkunft rechtzeitig organisieren. Ist man allein oder zu zweit unterwegs, ist es in der Regel kein Problem, entsprechende Quartiere auch spontan zu bekommen. In Urlaubsregionen ist es jedoch in der Hochsaison nicht immer möglich, ein Zimmer für eine Nacht zu finden. Dann gilt es weiterzuwandern oder die Etappe zu verkürzen, wenn das bereits im Vorfeld absehbar ist. Manches Mal kann es notwendig sein, mit einem Taxi oder einem öffentlichen Verkehrsmittel in den nächsten Ort, die nächste Stadt zu fahren und am nächsten Tag den Weg dort fortzusetzen.
Wegen der Fülle an Unterkunftsmöglichkeiten entlang der hier vorgestellten Pilgerwege wird auf eine spezielle Nennung verzichtet. Unterkünfte sind in vielen detaillierten Wegbeschreibungen

ausgewiesen oder im Onlinekartenmaterial ersichtlich. Zu beachten ist, dass die jeweiligen Quartierangaben nicht immer dem aktuellen Stand entsprechen. Hilfe bieten die jeweiligen Servicestellen der Tourismusverbände und –büros vor Ort.

Verpflegung

Dass es auf allen Etappen genügend Einkehrmöglichkeiten gibt, ist gerade in den ländlichen Regionen nicht immer selbstverständlich. Mitunter ist es notwendig, sich die Jause und Getränke für den Tag morgens im Lebensmittelhandel zu besorgen oder sich ein Lunchpaket mitzunehmen.

Wegepflege

Pilgerwege verlaufen in der Regel auf öffentlichen Wegen, welche von den Gemeinden und den Tourismusverbänden gepflegt und gewartet werden. In den Bergen geschieht dies zudem durch die alpinen Vereine. Die ehrenamtlichen Verantwortlichen in den Pilgerwegvereinen bemühen sich ebenfalls, den Weg entsprechend ihrer Ressourcen begehbar zu halten. Eine volle Garantie für ein ungehindertes Vorankommen wird es aber nie geben. Immer wieder kann es vorkommen, dass sich der Wegverlauf aus unterschiedlichen Gründen geändert hat oder verwachsen ist. Ist dies der Fall, hilft eine Wanderkarte oder die GPS-Navigation dabei, wieder in die richtige Spur zu kommen.

Wegvarianten und Etappen

Die Etappen der Pilgerwege sind als Vorschläge zu verstehen. Wie viele Kilometer jemand täglich für sich persönlich wählt und geht, ist immer von der körperlichen und seelischen Verfassung abhängig. So mancher möchte langsam unterwegs sein, Natur und Kultur genießen. Er oder sie wird dann eine längere Zeit für den Weg benötigen. Der oder die andere will zügig vorankommen und ist entsprechend schneller unterwegs. Jeder soll seine eigene Geschwindigkeit finden und entsprechend sind dann die Rastpausen und Unterkünfte einzuplanen.

Die Angaben zu Weglänge und Höhenmetern können mitunter variieren. Das hängt mit der Erfassung durch die technischen Systeme zusammen, welche mit unterschiedlicher Genauigkeit das Streckenprofil aufzeichnen und die GPS-Daten weiterverarbeiten. Es kann deshalb in der Literatur und in den digitalen Beschreibungen zu Abweichungen bei den Kilometer- und Höhenmeterangaben kommen. Als Tagesetappen sind Wegstrecken zu verstehen, welche bei durchschnittlicher Kondition gut an einem Tag zu schaffen sind. In der Regel ist eine Strecke von 4 Kilometer pro Stunde zugrunde gelegt.

Noch ein Wort zur Wegeführung: *Den* Pilgerweg hat es wohl nie gegeben. Wege veränderten sich aufgrund von weggerissenen Brücken nach Unwettern, Felsstürzen, Kriegshandlungen und vielen anderen Ereignissen im Laufe der Geschichte immer wieder. Wohl gab und gibt es einzelne Orte, die der Pilger ansteuern musste, aber die Strecken dazwischen waren stets der Veränderung unterworfen. In diesem Sinne können historische Wege nur bedingt nachkonstruiert werden. Hilfe bietet oftmals die Topographie oder die Tatsache, dass in der Nähe des Pilgerziels die Wahrscheinlichkeit am größten ist, auf historischen Wegen unterwegs zu sein. Zudem hat der Ausbau des Straßennetzes es mit sich gebracht, dass heute versucht wird, für den Pilger und Wanderer eine möglichst angenehm zu gehende Routenführung zu finden, welche jedoch immer wieder einmal von der „historischen Route“ abweichen muss.

Index